Visita às casas de Freud
e
outras viagens

Sérgio Telles

Visita às casas de Freud
e
outras viagens

Casa do Psicólogo®

© 2006 Casa do Psicólogo Livraria e Editora Ltda.
É proibida a reprodução total ou parcial desta publicação, para qualquer finalidade, sem autorização por escrito dos editores.

1ª Edição
2006

Editores
Ingo Bernd Güntert e Myriam Chinalli

Editora Assistente
Christiane Gradvohl Colas

Produção Gráfica e Capa
Renata Vieira Nunes

Imagem de Capa
Foto: Hall de entrada da Beggasse 19 –
© Sigmund Freud Foundation

Editoração Eletrônica
Renata Vieira Nunes

Revisão
Eduardo Moreira

Dados Internacionais de Catalogação na Publicação (CIP)
(Câmara Brasileira do Livro, SP, Brasil)

Telles, Sérgio
Visitas às casas de Freud e outras viagens / Sérgio Telles. – São Paulo: Casa do Psicólogo®, 2006.

Bibliografia.
ISBN 85-7396-484-0

1.Crônicas brasileiras I. Título.

06-1557   CDD- 869.93

Índices para catálogo sistemático:
1. Crônicas: Literatura brasileira 869.93

Impresso no Brasil
Printed in Brazil

Reservados todos os direitos de publicação em língua portuguesa à

Casa do Psicólogo® Livraria e Editora Ltda.
Rua Mourato Coelho, 1059 Vila Madalena 05417-011 São Paulo/SP Brasil
Tel.: (11) 3034.3600 E-mail: casadopsicologo@casadopsicologo.com.br
site: www.casadopsicologo.com.br

Sumário

PREFÁCIO, *Chaim Katz* 7

O NOME DE VINCENT VAN GOGH — ALGUMAS ESPECULAÇÕES SOBRE O DESEJO DA
MÃE E O SUICÍDIO 13

A COMPULSÃO À REPETIÇÃO EM TCHECOV 19

O HORLÁ — CONSIDERAÇÕES SOBRE A CONSTITUIÇÃO DO SUJEITO 23

PARE NO D. — ALGUMAS IDÉIAS SOBRE ESAÚ E JACÓ E MEMORIAL
DE AIRES 37

CORPOS NUS 57

MUNCH NO PORTA-JÓIAS FREUDIANO 63

O QUE ESTÁ EM JOGO NO ESPORTE? 69

O DESEJO EM SANTA TERESA D'ÁVILA E EM FREUD 73

ESPELHO, ESPELHOS 81

A PSICOSE EM O CÉU QUE NOS PROTEGE (THE SHELTERING SKY), DE
PAUL BOWLES 89

UMA LEITURA DE DUAS DAMAS BEM COMPORTADAS, DE JANE BOWLES 95

CANIBALISMO 107

As fotos da tortura no Iraque 113

De novo e sempre, o mal-estar na cultura 121

A verdade e o discurso de políticos 139

Visita às casas de Freud — Uma ficção freudiana 147

O dom de falar línguas — Sobre a glossolalia 159

No enterro de Escobar
   A importância da culpa em *Dom Casmurro*,
   de Machado de Assis 187

Prefácio

Psicanálise, psicanálise, onde se inseparam teoria e prática (o que quer que sejam!), duradouro e intempestivo, permanência e irrupção, prazer e racionalidade, medida e desmesura. De modos bem especiais, claro. Onde a cultura pode ser criada ou "descoberta" a cada momento.

Bem que Freud se recusava a distinguir civilização e cultura, o que levou outros sábios a se perguntarem por quê. Cultura entendida como o conjunto de produções e costumes advindo da luta e do encontro / desencontro com a natureza; civilização como um domínio especial de um grupo amplo, que homogeneíza um desses conjuntos de cultura e tende a universalizá-la. Lendo este livro de Sérgio Telles, temos algumas indicações para compreendê-lo. No escrito que sustenta o título central, acompanha-se uma viagem cômica, no seu mais antigo sentido grego, próximo do regime trágico "das coisas".

Quando Telles visita a casa vienense de Freud, estamos diante de uma estada hierática, uma tentativa ética de se aproximar mais ainda do vienense. Mas ela não se dá, pois é uma estada cindida. De saída, perturbada pelo alarido de uma professora e seus alunos, colegiais,

Visita às casas de Freud e outras viagens

em plena aula no espaço livre; Telles é levado a comprar produtos freudianos pertencentes à civilização ocidental no seu mais amplo sentido (lembranças, postais, chaveiros, livros), que constituem não apenas a ou uma memória representacional, como são seus afetos marcados; constatar que Freud era um "ser humano", que vivera num apartamento de prédio modesto; que o psicanalista "originário" sofrera das vicissitudes da política e decaíra com a idade. E que, por isto e outros, Telles não poderia, não pode nem jamais deverá se identificar inteiramente com seu Mestre. Pois não nos identificamos – ou é muito mais difícil fazê-lo – com a morte dos outros em nós, com os ruídos e cisões que nos multiplicam e espantam, com as doenças e misérias corporais dos outros que geralmente apenas nos representamos. Como fazer com as decepções que nossos mitos pessoais nos causam quando nos aproximamos deles em excesso!?

O psicanalista que o visita neste apartamento, está com ele positivamente identificado, mas só até certo ponto, pois qualquer identificação tem seus vazios, já o sabemos. Ainda mais, de saída, os psicanalistas lidamos com os desligamentos permanentes, os desnudamentos insistentes, com a solidão do discurso, pois a voz nunca se satisfaz em ser apenas linguagem, pois busca encaixar palavras para sempre insatisfatórias. A voz reclama um período de não-representabilidade, uma infância que permanece para sempre. Também por isto, ensinou-nos a Psicanálise que nosso saber está votado também para insoluções, apontamentos parciais. Somos conectivos, isso e mais isto, e mais aquilo e aquiloutro...

Terminada a procura de completude, um pouco decepcionante, vai, juntamente com a mulher, a um antiquário, de onde saem rapidamente. Isso que é identificação com o vienense, grande colecionador de antiguidades, redescobridor das Tróias que nos assolam! O que é identificação, se Sérgio Telles não encontra, no brinquedo freudiano de guardar e colecionar velharias, o prazer que o Mestre teria? Sua procura mais verdadeira vai na direção de matar a fome. Onde? No novo! No Macdonald's, produto e modelo exemplar dessa mesma sociedade de produção massiva e homogeneização

Prefácio 9

cultural, de temporalidades velozes que tantas críticas e repulsas mereceu de Freud.

Daí se segue a outra parte da comédia, desta vez, inglesa. Ao visitar a residência londrina de Freud, em Maresfield Garden, o autor não nos informa o número da casa. Pois 20, número da casa, é mais e maior do que 19, número do edifício da Berggasse. Inconscientemente, nesta associação, 20 remete à doença e à morte. E aí se manifesta um saber bem especial, já que as reflexões de Sérgio Telles sobre sua própria maturidade e os limites que a idade lhe oferece o levam a um sentimento disperso. Que logo se transforma em ódio e inveja, manifestados expressamente em *Unbehaglichkeit,* conforme Freud apelidou tal sentimento.

Sérgio Telles, freudiano, nos oferece um bom exemplo disto. O autor planejara se sentir bem, ser reconhecido como discípulo e amigo, junto aos monumentos de seu herói. Pois, na atualidade, Viena escreve ou gostaria de parecer escrever uma nova história para seu filho ilustre e ilustrado, reconhecendo Freud, na medida em que coloca sua efígie numa nota de 5 Schillings, que o homenageia como grande sábio. Mas, esta é a outra face, bem suave e agradável, de terríveis eventos, cuja sociedade de Psicanálise (Wiener Psychoanalytischen Vereinigung) não aceitou seus antigos membros judeus de volta, depois da Segunda Guerra (conforme nos ensinou Helmut Dahmer). Receberia Freud?

Aqui nosso autor, Telles freudiano, poderia se ver às voltas com os ensinamentos de Walter Benjamin: "Nunca houve um monumento da cultura que não fosse também um monumento da barbárie". Cada nota com a fotografia de Freud esconde uma de suas irmãs mortas em campos de concentração e a nata dos psicanalistas austríacos e alemães que tiveram que escapar de seus países por causa do regime nazista e da Anschluss e que jamais foram reincorporados psicanaliticamente.

Ao visitar o monumento freudiano em Londres, sua casa-museu e mausoléu, Telles sabe complexificar no regime dos ensinamentos psicanalíticos, conjuntando-disjuntando. Inveja do desregramento da psicanalista gaúcha que fotografa livremente o espaço freudiano, estranhamento pelos dois jovens psicanalistas mineiros. Hostilidade

10   Visita às casas de Freud e outras viagens

pela voz dos psicanalistas brasileiros, que falavam e se moviam em tom alto. Sabemos que a intensidade excessiva da voz que nos incomoda aponta uma estranheza pelos outros que falam uma língua distinta da nossa. A voz, mesmo quando não a compreendamos significacionalmente, faz sentido de estranho, de estranheza, *Unheimlichkeit*.

Até então, Sérgio Telles nos indica o que temos que aprender com Freud. Pois nosso autor viajou em busca de um monumento idealizado, algo que só existe – quando se dá – no silêncio de uma biblioteca e na certeza de um raciocínio (na clínica, aprendemos sua inexistência). Mas que a experiência mais imediata – as pulsões, dizia Freud – recusa na sua multiplicidade. Quando não aceitou a idéia de um primitivo "sentimento oceânico" (de Romain Rolland e também de Ferenczi), Freud disse que o não-agradável, o que se chamou em português de "mal-estar" (e em iídiche de *nishguit*), aparecia pelas três grandes fontes do sofrimento e do desagradável. Duas delas já tinham se anunciado com a emergência do desconforto causado pelos outros e a insuficiência das instituições em garantir e regular suas relações. Agora se instalava a debilidade do corpo do psicanalista, mostrando como a natureza afirmava suas regras próprias. Uma diarréia, com regras e normas específicas, independente de seu "possuidor", apressa o passo do nosso pensador viajante, que se vê ainda mais e menos freudiano. Sua afoiteza, contudo, de pouco lhe vale, pois achar e poder usar o vaso sanitário ainda deixou um problema: o mau cheiro da sua evacuação, sentido e reclamado por sua mulher. Mas, isto que escapa da linguagem oral-articulada, essa outra característica odorífera das fezes, a chamada "merda", isso nos levará a, juntamente com os ensinamentos do livro, questionar os limites da razão e do Pensamento. Pois isto também é *Da-sein*, já o sabemos. Mas é o que diferencia Psicanálise de Filosofia.

Então, o autor estará num caminho outro. Os vários escritos nos ensinam muito. Mas preferi me deter neste, uma viagem diferente. Aprendemos com o Romantismo alemão a distinção entre a viagem ao ou para o exterior e a viagem interna (*aussere Reise / innere*

Prefácio 11

Reise). No texto que rapidamente percorremos, a viagem escorregadia converge com a viagem geográfica, e seu resultado escapa da maionese, da geleia geral, dos deslizamentos infindáveis do viajar "por dentro" e das descrições intermináveis e localizadas das viagens de deslocamentos físicos. Mas a visão, absolutamente necessária, não nos informa sobre o Ser, ao menos nunca o bastante. Voltamos a Kant, que nos ensinou na Crítica (KRV) que a razão sem intuição é vazia e a intuição sem razão é cega.

Tal escrito nos oferece outra possibilidade de pensar / exercer a temporalidade psicanalítica. Que aqui não se faz mais pela circularidade temporal à moda da Grécia antiga, nem pela garantia do Espírito Absoluto, onde os momentos se remetem ao seu Grande Fim e Finalidade (como em Hegel). Cada paisagem pode se remeter a uma teoria do trabalho das paisagens, e que não mais se garantem pelo tempo a posteriori. Se lermos este escrito de mais perto, veremos que ele se quer destruidor da presença, produtor permanente de restos (Lacan), fazedor de sentido com detritos. Afirmador de razão às voltas com as descontinuidades permanentes do psiquismo. Saber fundador de uma temporalidade específica, que não se erige sobre continuidades ou processos teleológicos.

Assim, lemos Sérgio Telles como bom discípulo do Freud "iluminista sombrio" (como o chamou Yirmiyahu Yovel), produzindo suas paixões alegres. Na Psicanálise, bons encontros se dão quando se fazem também e sempre nos regimes de agressividade e crueldade, pois só assim se expandem.

Portanto, toda civilização – e reaprendemos como a nossa civilização procura nos totalizar, neste movimento dito "globalização", fazer de qualquer cultura um homogêneo do mundializar – se vê rompida pelas culturas que a reinvadem e reinventam de modo permanente. Viajemos com este escrito, cuidando do "ser humano" dividido entre pulsões e desejo, que convergem e divergem constantemente.

Chaim Katz

O nome de Vincent Van Gogh – Algumas especulações sobre o desejo da mãe e o suicídio

Van Gogh, que se suicidou aos 37 anos em 29 de julho de 1890, ergue-se atualmente como o maior mestre holandês depois de Rembrandt. É reconhecido como uma das maiores forças impulsionadoras da arte moderna, através da poderosa influência que exerceu sobre o expressionismo.

Como protótipo do gênio incompreendido, Van Gogh morreu pobre e desconhecido. Enquanto vivo, vendeu apenas um de seus mais de oitocentos (800) óleos e setecentos (700) desenhos. De sua participação com algumas telas no Salão dos Independentes de Paris, em 1888 e 1890 e de sua única exposição individual – em Bruxelas – mereceu somente um artigo crítico na imprensa. Sua fama – impulsionada por seus amigos pintores – começou a se impor muito mais tarde, no início do século XX.

David Sweetman[1] discute as circunstâncias do suicídio de Van Gogh, atribuindo-o à irresponsabilidade e inconseqüência de seu

---

[1] Sweetman, David, *Van Gogh: His Life and His Art*: New York, Crown Publishers, 1990.

médico, doutor Gachet. Sweetman diz que, após se automutilar, cortando a orelha, Van Gogh foi internado no Asilo de Saint-Rémy, onde foi diagnosticado de "epilepsia hereditária", agravada por "excesso de trabalho e álcool". Dali foi levado para Auvers-sur-Oïse, pelo irmão Theo, para ser cuidado pelo dr. Gachet.

Doutor Gachet era uma figura excêntrica. Vestia-se de forma pouco convencional e conta que seu consultório parecia um macabro laboratório de alquimista, decorado que era com máscaras mortuárias de criminosos guilhotinados. Lançava mão de práticas discutíveis para os padrões da época, especialmente no que dizia respeito à cirurgia. Enquanto estudante não conseguira dissecar cadáveres e se graduara com uma tese sobre melancolia. Era pintor amador e gravurista. Na ocasião em que recebeu Van Gogh, aos 61 anos, colecionava pintores de vanguarda (os impressionistas) e se interessava pelo então nascente estudo das doenças mentais. Devido a tais características, era considerado habilitado para tratar pessoas criativas. Artistas como Pissaro e Cézanne, que foram seus pacientes.

Van Gogh melhorara muito ao sair de Saint-Rémy. Estava num período de plena efervescência criativa, pintando um quadro por dia. Doutor Gachet desde o início demonstrara pouco interesse pelo novo paciente, achando que ele necessitava apenas de aconselhamento, que ele deu de forma precária e em poucas ocasiões.

Antes de chegar a Auvers-sur-Oïse, Van Gogh já tentara por três vezes o suicídio: a primeira, dois anos antes, quando cortou a orelha; depois, ao tentar por duas vezes envenenar-se com a ingestão de tinta e solventes. Sob os cuidados de doutor Gachet, fez a quarta tentativa, dando-se um tiro no peito, no dia 27 de julho. A bala atravessou o tórax, alojando-se na coluna, sem atingir nenhum órgão ou vaso sanguíneo importante.

Doutor Gachet, que aparentemente não dera muita importância às tentativas anteriores, mesmo então, após o tiro, manteve uma atitude inexplicável: permitiu a Van Gogh permanecer em posse do revólver, como se tolerasse a possibilidade de seu suicídio, que efetivamente ocorreu no dia seguinte, quando Van Gogh se deu um novo tiro.

O nome de Vincent Van Gogh

Em relação ao primeiro, Gachet não tomara nenhuma providência, alegando que nenhum cirurgião tiraria bala tão profundamente instalada. Sweetman supõe que ele provavelmente ignorava os avanços alcançados pela cirurgia naquele momento. Paul Gachet, filho do médico, escreveu em suas memórias que o pai não achara necessário tomar nenhuma atitude por acreditar que nada poderia ser feito, a não ser torcer por uma recuperação milagrosa, o que não ocorreu, uma vez que logo apareceram sinais de infecção.

Podemos imaginar que a atitude de descuido, a avaliação incorreta da gravidade do quadro de Van Gogh dever-se-ia não só ao despreparo médico de Gachet, mas também a uma reação contratranferencial negativa frente a seu paciente, uma recusa em ajudálo. Podemos também especular até que ponto um gravurista e pintor amador – como o era Gachet – não se sentiria acachapado frente a um verdadeiro gênio. Até que ponto a inveja, a competição e a rivalidade não teriam determinado este desfecho?

Sweetman acredita que a última fase do pintor em Auvers-sur-Oïse não é expressão de sua doença. Pelo contrário, seria uma "doação de saúde e força espiritual". Van Gogh não teria contaminado as telas com sua loucura, e sim lutado para afastá-la de si e de sua obra.

Não deixa de ser irônico lembrarmos que o retrato do Dr. Gachet, pintado por Van Gogh justamente naquela época, foi vendido em 15 de maio de 1990 para o industrial japonês Ryoei Sato pela astronômica soma de 82,5 milhões de dólares, cifra até então nunca atingida por uma tela no mercado de arte.

Sweetman acrescenta dados que são de grande interesse. Quinze dias antes do suicídio, Van Gogh recebeu de Paris uma carta do irmão Theo, na qual ele dizia que seu filhinho Vincent Willem – cujo nome era uma homenagem ao tio – estava seriamente doente.

Ora, Van Gogh não poderia ter esquecido que o primeiro filho de seus pais, o irmão que o antecederia e que se chamaria Vincent Willems, nascera morto e que, ele próprio, nasceu exatamente no

16   Visita às casas de Freud e outras viagens

mesmo dia, um ano após sua morte e, por isso, recebera esse nome em homenagem a ele, o morto. O pensamento de que agora outro Vincent Willem, seu sobrinho, estava com a saúde muito debilitada, poderia ter complicado ainda mais o instável estado do pintor.

Esta hipótese levantada pelo biógrafo faz muito sentido dentro de uma perspectiva psicanalítica, pois tal acontecimento poderia ter atualizado e agudizado um impasse central na vida de Van Gogh, apontando para um profundo conflito em sua identidade. Tal conflito decorre do fato de *ocupar ele o lugar de um outro, de um morto, de ser ele o representante do desejo materno de negar a morte de um outro filho.* Isso significa que, nessas circunstâncias, a mãe jamais reconhece e legitima esse filho em sua singularidade.

Este aspecto da vida de Van Gogh aproxima-se muito do caso Pierre-Marie, descrito por Serge Leclaire[2].

Pierre-Marie, o paciente, também recebera seu nome em homenagem a um irmão morto, de nome Pierre, e em honra da Virgem Maria. Ora, tal fato não é nada simples. Evidencia a impossibilidade de sua mãe realizar o trabalho de luto pela morte do primeiro filho, a tentativa que ela fizera de negar sua (dele) morte. Isso faz com que, diz Leclaire, Pierre-Marie seja uma

> figura não articulada do desejo de sua mãe (...) [uma] criança destinada por sua mãe à imortalidade, antes mesmo de ter nascido, ocupando o lugar de seu irmão morto; ele queima como a chama que brilha em sinal do luto por seu irmão, destinada a nunca mais se apagar (p. 19).

Pierre-Marie procura a análise por causa de suas tendências suicidas, pelo desejo de se matar. Leclaire entende tais fantasias como expressão do desejo e da necessidade de matar a "criança maravilhosa", expressão e representação do desejo materno, imagem

---

[2] Leclaire, Serge. "Pierre-Marie ou sobre a criança", in *Mata-se uma criança – Um Estudo sobre o narcisismo primário e a pulsão de morte.* Rio de Janeiro: Zahar Editora, 1977, p. 7-23.

O nome de Vincent Van Gogh

na qual Pierre-Marie está aprisionado e cuja "morte" é absolutamente necessária para que ele possa viver.

Leclaire chama esta representação privilegiada de "representante narcísico primário" e acha ser esta uma das tarefas mais importantes do analista – o perpetrar a morte desta "criança":

> A prática psicanalítica consiste em tornar manifesto *o trabalho constante de uma força de morte, esta que consiste em matar a criança maravilhosa (ou aterrorizante) que, de geração em geração, testemunha acerca dos sonhos e desejos dos pais; só há vida a esse preço, pela morte da imagem primeira, estranha, na qual se inscreve o nascimento de cada um.* Morte irrealizável, mas necessária, pois não há vida possível, vida de desejo, de criação, se cessarmos de matar a *criança maravilhosa* que renasce sempre" (p.10). (Os grifos são de Leclaire.)

No caso de Pierre-Marie e, supostamente, no de Van Gogh, o desejo materno é claro, transparente, até certo ponto consciente: substituir um filho morto, negar o luto, muito embora tal desejo deva ter prolongamentos inconscientes que explicariam a impossibilidade de elaboração do luto. Que fantasias estariam depositadas naquele primeiro filho, das quais a mãe não pode abdicar?

Mas isso que aparece com relativa nitidez nestes dois casos não é a exceção e sim a regra, a maneira específica da estruturação própria do sujeito. Diz Leclaire:

> Mesmo que não exista na história familiar um irmão morto, há sempre no desejo dos pais alguma perda à qual não puderam resignar-se – seja ela a de seus próprios sonhos infantis –, e sua progenitura será sempre e antes de tudo o suporte excelente e privilegiado daquilo a que eles tiveram de renunciar (p. 20).

Dizendo de outro modo, as crianças nascem imersas dentro do campo dos desejos e fantasias inconscientes dos pais, são de imediato deles depositárias e é justamente esse desejo materno-paterno o material constitutivo do núcleo mais inacessível de seus inconscientes. É, como já vimos, a isso que Leclaire chama de "representante narcísico primário". É somente "destruindo", via análise, esses representantes narcísicos primários, esses avatares do desejo dos pais, que o sujeito pode assumir seu próprio desejo, viver sua própria vida.

Não que isso seja fácil, pois o próprio sujeito se estrutura e organiza em torno destes representantes narcísicos primários, "significante dirigente que define o desejo da mãe", que vai constituir "uma representação inconsciente propriamente dita", cujo acesso é muito difícil,

> tanto mais difícil (ou mesmo impossível) de ser apreendida e nomeada, uma vez que se encontra inscrita no inconsciente de um outro, simples, dupla ou múltipla, isto é, no desejo daqueles que conceberam ou viram nascer a criança (p. 18).

Mas é justamente esta tarefa "impossível" que a psicanálise se dispõe a enfrentar – desentranhar o sujeito do desejo do Outro, embora este desejo do Outro seja o que com mais precisão o constitui, seja o seu cerne alienado, confuso e perdido.

Quem sabe, Van Gogh não conseguiu discriminar, em suas fantasias suicidas, o que havia de legítimo em seu desejo de viver, de se desembaraçar da "criança maravilhosa" do desejo de sua mãe, de matar esta "criança" para efetivamente viver, e esta confusão custou-lhe a própria vida.

Pierre-Marie teve mais sorte e a presença de um analista – Leclaire – foi imprescindível para o bom desfecho de sua travessia.

A compulsão à repetição em Tchecov*

Tchecov tem um pequeno conto de duas páginas e meia, intitulado *Do diário de um auxiliar de guarda-livros*[3]. Como diz o título, o conto consta de oito anotações feitas no diário de um pequeno burocrata, registradas irregularmente no correr de vinte e três anos. A primeira data do ano de 1863, e a última, de 1886.

O conto tem uma estrutura clara e definida. As oito entradas são praticamente iguais, construídas segundo um mesmo modelo de três parágrafos.

No primeiro parágrafo anuncia-se que Glótkin, o guarda-livros chefe, sexagenário, está doente, e o autor das anotações do diário – o narrador – se congratula com a doença do chefe, imaginando sua morte, o que permitiria sua ascensão na estrutura do serviço público, pois está implícito que se trata de um cargo vitalício. O segundo parágrafo refere-se a um colega, Klechchóv, que está sempre fazendo algo errado,

---

* Publicado no *Jornal da Tarde* – Caderno SP 07/01/95.

[3] Tchekhov, Anton *A dama do cachorrinho e outros contos*. São Paulo: Editora Max Limonad Ltda., 2ª. Edição, 1995, p. 29.

20

censurável, pelo qual é habitualmente punido. E o terceiro parágrafo relata uma pequena doença do autor do diário, ou seja, do narrador.

A sétima entrada informa que morreu Glótkin e, contrariando todas as expectativas do narrador, outro funcionário – um certo Tchálikof, "recomendado por sua tia, casada com general", fora indicado para o cargo.

A oitava anotação repete a primeira. Tal como há vinte e três anos atrás, o narrador, mais uma vez, fica torcendo para que o atual chefe Tchálikof morra para poder ocupar seu cargo. Klechchóv continua provocando escândalos e merecendo punições, enquanto ele, o narrador, permanece padecendo de pequenas doenças.

Nessas duas páginas e meia, Tchecov dá mostras da extraordinária compreensão dos mecanismos psíquicos inconscientes que regem o destino humano. Neste curto conto, mostra, de forma concisa e esteticamente satisfatória, um aspecto central dos desejos humanos – aqueles centrados no complexo de Édipo. O narrador, ao desejar a morte do chefe para ocupar seu cargo, está expressando sua conflitiva edipiana de desejo da morte do pai, deslocada para este claro substituto paterno – o chefe. Tal desejo de morte desencadeia a culpa e a necessidade de punição, imediatamente projetadas sobre o colega Klechchóv. Mesmo assim, não consegue se livrar por completo da culpa; ela persiste, manifestando-se através de sua queixa permanente de estar doente. Ou seja, o narrador se pune com o sofrimento auto-imposto de doenças imaginárias.

Podemos pensar que são seus desejos da morte do pai e a culpa daí advinda o que – de fato – o impede de ascender ao lugar de chefe, o lugar que – em sua fantasia – é o do pai, como se evidencia no conto. Tal ascensão fica sendo um desejo censurado e de impossível realização e, por isso mesmo, recorrente.

O fato de que esse desejo se mantenha inalterado por vinte e três anos, independente de quem ocupa o lugar do chefe – morre Glótkin e todo o processo se reinicia com seu substituto Tchálikof – mostra não só uma vertente da estrutura do conflito edipiano, mas um outro aspecto do inconsciente – a compulsão à repetição, corolário da

A compulsão à repetição em Tchecov

atemporalidade, acronicidade dos desejos reprimidos, da viscosidade da libido.

É a compulsão à repetição a armadilha de aço que nos prende por toda a existência, fazendo-nos repetir vida afora padrões de relacionamento e modos de ser estabelecidos na mais remota infância, impossibilitando-nos de viver de acordo com o momento presente.

Cito este exemplo de Tchecov em *Do diário de um auxiliar de guarda-livros*, como poderia ter escolhido qualquer outro em inúmeras obras literárias, para ilustrar aquilo que Freud falava dos escritores, nos quais reconhecia seus precursores pela capacidade de intuírem as grandes verdades do desejo e da estrutura inconscientes e pela capacidade de exprimi-las em obras de arte, ao invés de fazê-lo através de sintomas psíquicos, como ocorre com a maioria dos meros mortais.

A relação de Freud com os escritos literários tem como paradigma o uso que fez de *Édipo Rei*, de Sófocles, em que dramaturgo grego descreve com força e arte o momento constitutivo fundamental do ser humano.

O Horlá – Considerações sobre a constituição do sujeito*

Reconhecido como o maior contista francês, autor de romances naturalistas, Guy de Maupassant (1850-1893) escreveu *O Horlá* em 1886, tido por muitos como o primeiro conto fantástico da literatura francesa.

Sob a forma de diário, que cobre o período de 8 de maio a 10 de setembro, *O Horlá* fala da experiência de um homem que se vê perseguido e possuído por um ser desconhecido e invisível, um Outro que termina por aliená-lo completamente, fazendo-o perder a própria identidade.

O narrador, na primeira pessoa, abre o diário assim:

> 8 de maio – Que dia glorioso! Passei a manhã estendido na erva diante de casa, debaixo do enorme plátano que a cobre, a abriga e a afaga por inteiro. Adoro esta região, e gosto de cá viver porque é aqui que tenho as minhas raízes, essas profundas e delicadas raízes, que prendem um homem à terra onde os avós nasceram e morreram,

---

* Publicado no *Jornal da Tarde* – Caderno SP 07/01/95.

24   **Visita às casas de Freud e outras viagens**

que o prendem ao que se pensa e ao que se come, aos usos e costumes, às locuções locais, às entonações dos camponeses e aos cheiros do solo, das aldeias e do próprio ar. Gosto da casa onde cresci. Das janelas, vejo o Sena passar ao longo do jardim, do outro lado da estrada, quase dentro da minha propriedade – esse grande e largo Sena que vai de Ruão até ao Havre, guarnecido de barcos de velas enfunadas[4].

O narrador deixa claro aí as raízes de sua identidade, sua ligação profunda com a terra, com o povo, a casa, estabelecida e fixada ancestralmente pelos avós.

Dois parágrafos depois, lemos:

Por volta das onze, uma enfiada de barcos puxados por um rebocador (...) passou diante do meu gradeamento. Na cauda, vinham dois veleiros ingleses, cujo pavilhão vermelho relampejava no céu, logo seguidos de um esplêndido iate brasileiro, de três mastros, todo branco e reluzente. Tão grande foi o meu agrado que, sem saber porquê, o saudei.

Frente ao quadro de fixação, ligação, estabilidade, contrapõe-se a água, o Sena em perpétuo movimento, porta aberta para o mundo, para o Outro, o estranho, os ingleses e até mesmo os brasileiros – a quintessência do exótico, do não familiar.

A partir deste momento, o narrador passa a se sentir mal. É tomado por medos imotivados, febres, angústias descabidas. Sente-se incapaz de realizar seus afazeres diários, sofre de insônia, tem calafrios e pesadelos.

Tentando distrair-se, faz uma viagem ao Monte Saint-Michel, onde tem uma conversa com um monge, no interior da famosa construção gótica ali existente. Pergunta a ele se acredita nas lendas que rondam aquele lugar. A resposta:

---

[4] Maupassant, Guy de. *O Horlá,* Difel. Lisboa 1987.

O Horlá – Considerações sobre a constituição do sujeito **25**

Meu caro senhor, vemos nós a centésima milésima parte do que existe? Por exemplo: o vento, que é a maior força da natureza, que derruba os homens, abate os edifícios, desenraiza as árvores, levanta o mar e montanhas de água, destrói as falésias, lança os navios contra os penedos – esse vento que mata, que assovia, que geme e que muge – já o viu alguma vez? Não, nunca o viu e, no entanto, ele existe.

Algo forte, o vento, capaz de desenraizar as árvores, é anunciado.

Voltando para casa, o narrador passa a ter experiências estranhas – alimentos levados para seu quarto, à noite, desaparecem sem explicação.

Sentindo-se mais tenso e angustiado, resolve ir a Paris, hospedando-se na casa de uma prima. Ali, durante um jantar com amigos, conhece o dr. Parent, que trabalha com doentes mentais e lhes fala das inovadoras experiências com o hipnotismo e a sugestão, que estavam sendo realizadas naquele momento. Relata os avanços conseguidos pela escola de Nancy e faz, para assombro de todos, uma demonstração de hipnotismo com a anfitriã.

O narrador retorna abalado para casa e, consternado, vê que voltam a acontecer fenômenos estranhos à sua volta. Sente-se à beira da loucura, comandado por uma força externa:

> Bruscamente sou obrigado, obrigado, *obrigado* a ir à noite apanhar uns morangos e comê-los. E obedeço.

Lembra da experiência com a prima e pensa:

> [ela] era objeto de uma vontade estranha que entrara nela como se fora uma outra alma (...) parasita e dominadora.

Dias depois, lê numa revista científica:

> Chega-nos do Rio de Janeiro uma notícia deveras curiosa. Uma loucura, uma epidemia de loucura, comparável às demências contagiosas que

26   **Visita às casas de Freud e outras viagens**

vitimavam os povos da Europa na Idade Média, grassa neste momento na Província de São Paulo. Os habitantes, de cabeça perdida, fogem de casa, desertam as aldeias, abandonam as culturas, gritando que estão a ser perseguidos, que estão possessos, que estão governados como gado humano por seres invisíveis, uma espécie de vampiros que se nutrem de sua substância, de sua vida (...).

Transtornado, o narrador lembra do iate brasileiro que admirara e saudara, concluindo que o mesmo trouxera algo, um ser especial, capaz de invadir sua casa e persegui-lo. Diz:

> ele veio, veio!... Veio Aquele... como se chama? Ah, sim!... Está a gritar o nome... não o ouço bem... Repete... Ah, sim, agora sim, percebi perfeitamente: Horlá! O Horlá é ele... Horlá chegou.

Está convicto do advento de um ser mais evoluído, um último elo da cadeia evolutiva, feito de outros elementos, que vinha para subjugar os homens:

> por que não mais um? Por que não outras árvores com flores colossais, deslumbrantes, capazes de perfumarem regiões inteiras? Por que não outros elementos além do fogo, ar, água e terra?!.

Um dia, ao sentir que o Horlá lhe estava muito próximo fisicamente, tenta pegá-lo, vê-lo:

> Ergui-me de assalto, com as mãos estendidas e, ao voltar-me, só por um triz não caí no chão!... O quarto estava iluminado como se fosse dia – e não me vi no espelho! Sim, sim, o espelho estava vazio, profundo, cheio de luz - mas não refletia minha imagem (...) O maldito tinha devorado o meu reflexo no espelho (...) De repente, comecei a lobrigar-me numa espécie de neblina lá para o fundo de espelho, uma bruma idêntica a uma toalha de água, e pareceu-me que essa água deslizava da esquerda para a direita, lentamente, tornando a minha

O Horlá – Considerações sobre a constituição do sujeito

imagem mais precisa, de segundo a segundo. Era como o fim de um eclipse. Aquilo que me escondia não parecia ter contornos definidos, era como que uma transparência opaca que se ia esclarecendo lentamente...

O narrador planeja livrar-se do Horlá, matando-o com fogo. Tal projeto e sua realização o leva a conclusões que prefiro deixar veladas, para não estragar, mais do que já o fiz, o prazer da leitura de algum eventual futuro leitor.

O conto oferece vários aspectos a serem examinados:

A) É significativo o jogo que o autor faz com os quatro elementos que a protociência dos filósofos gregos (Empédocles) propunha como os constitutivos de toda matéria. Os elementos aparecem reiteradamente: o enraizamento na terra; a água fugidia do rio – porta aberta para o estranho; a própria forma visível tomada pelo Horlá ao espelho; o ar (vento) que tudo arranca e desestabiliza; o fogo purificador e perigoso.

B) Para nós, não deixa de ser irônico a maneira como o Brasil é visto: a epidemia de loucura que grassa em São Paulo, geradora do Horlá que é levado para a França pelo belo iate branco. É de se perguntar se mais de cem anos depois, tal imagem do Brasil, cercado de exotismo e estranheza, teria mudado muito para o francês médio.

C) É interessante ressaltar o momento histórico descrito no conto. Em 1886, o impacto das descobertas de Charcot (na Salpetrière) e de Bernheim e Liébault (em Nancy) sobre a hipnose assombrava leigos e médicos na França e repercutia por toda a Europa.

28   **Visita às casas de Freud e outras viagens**

Foi justamente por causa destas descobertas que Freud partiu para Paris em 1885, ali ficando por cinco meses, seguindo os cursos ministrados por Charcot. Posteriormente foi a Nancy, onde encontra Bernheim e Liébault e, ao voltar para Viena, traduz as obras desses autores para o alemão.

Charcot descrevera estados mentais além dos conscientes, aos quais tinha acesso através da hipnose e da sugestão com as histéricas. Charcot acreditava que a possibilidade da sugestão hipnótica devia-se a predisposições hereditárias e não via nenhum uso terapêutico em sua descoberta.

A escola de Bernheim e Liébault, de Nancy, pelo contrário, desprezava os supostos fatores hereditários, preconizando o uso terapêutico da sugestão hipnótica, obtendo expressivo êxito em muitos casos.

Foi a hipnose que possibilitou as grandes descobertas de Freud. Iniciou ele por modificar seu procedimento clássico, que consistia. em – após a indução do sono hipnótico – dar ordens e fazer sugestões que ficariam registradas pelo psiquismo dos pacientes como "idéias contrárias" àquelas próprias de seus sintomas e que lhes traziam tanto sofrimento, como as obsessões e as fobias.

Freud inverteu o processo: sob hipnose, ao invés de impor-lhes "idéias contrárias", *perguntava* às pacientes sobre seus sofrimentos, convidando-as a falar sobre suas experiências, procedimento que lhe possibilitou surpreendentes descobertas – as lembranças da paciente até então esquecidas, reprimidas, que explicavam seus sintomas. Era a fase catártica do tratamento, que logo seria ultrapassada por Freud, ao descobrir a transferência, o método da associação livre, estabelecendo a psicanálise.

Superada e abandonada, a sugestão hipnótica – desde então entendida como uma reação transferencial positiva amorosa do paciente para com o médico – teve, assim, papel relevante na descoberta freudiana, sendo a psicanálise – como Freud disse – sua grande herdeira.

Desta forma, *O Horlá* não deixa de ser uma reportagem ficcional deste momento histórico surpreendente, que deve ter mobilizado

O Horlá – Considerações sobre a constituição do sujeito 29

Maupassant por dois motivos: sua curiosidade intelectual, que o deixava atento aos novos eventos de seu tempo e os integrava em sua produção artística e, pessoalmente, em função de seu próprio estado psíquico, sua psicopatologia.

Sabemos da doença mental de Maupassant, que terminou por levá-lo ao suicídio aos 43 anos, após várias tentativas frustradas. Apesar de sifilítico, é de se supor que as tentativas autodestrutivas advinham de aspectos melancólicos de sua personalidade. É possível que as aulas da Salpetrière e as notícias de Nancy, espetaculares, chocassem Maupassant, fazendo-o reconhecer em si mesmo aqueles aspectos da dissociação psíquica, as cisões, as ordens peremptórias, as compulsões presentes em sua erotomania, em sua dromomania.

O que escreveu Maupassant assume, assim, caráter profético, se referido ao Inconsciente. Diz ele:

> Chegou Aquele que os povos primitivos temiam apavorados. Aquele que os sacerdotes exorcisavam, aterrorizados, que os feiticeiros evocavam nas noites sombrias, sem que o vissem aparecer. Aquele a quem a ignorância dos senhores que têm governado os povos atribuíram formas monstruosas ou graciosas de gnomos, espíritos, gênios, fadas, almas encantadas! Seguidamente a essas concepções do medo primitivo, homens mais instruídos, tiveram a percepção mais clara. Mesmer advinhara... que os médicos, de há dez anos para cá, descobriram de maneira precisa a natureza do seu poder, antes mesmo que ele próprio o exercesse. Brincaram com o fogo, essa arma do novo Senhor, o império de um querer misterioso sobre a alma humana reduzida à condição de escrava! E chamaram a isso magnetismo, hipnotismo, sugestão!... Vi-os divertirem-se com esse horrível poder, como crianças imprudentes! Pobres de nós! (...) Ele veio (...) o Horlá chegou!

O Horlá , esta entidade misteriosa que veio de longe para controlar e contaminar a todos, parece ser a resposta engendrada pela fina intuição de Maupassant, a forma criativa como representou literariamente a

30   Visita às casas de Freud e outras viagens

descoberta do Inconsciente, fato que revirou por completo a visão que o homem tinha de si mesmo até então. Sua concepção do Horlá aproxima-se minuciosamente das características próprias do Inconsciente, parece até mesmo uma formulação precursora da suposta afirmação que Freud teria feito para Jung, no navio que os levava à América: "Eles não sabem que lhes trazemos a peste".

D)   Finalmente chegamos ao que é o mais importante no conto, o tema do Outro, do Duplo, do *Döppelganger*. A crença neste misterioso ser que acompanharia todo e cada um dos seres viventes, cuja aparição prenuncia a morte daquele que a vê, é muito antiga e largamente difundida em todas as culturas. Figura no folclore alemão e é tema de muitas obras literárias, como *O Elixir do Diabo,* de Hoffmann, *O Outro,* de Dostoievski, *William Wilson,* de Poe. É, pois, nesta linhagem que O Horlá se inscreve.

Em *O Estranho*[5], Freud diz que a sensação de estranheza despertada pelo Outro, pelo Duplo, o *Döppelganger*, a extraordinária mescla de familiaridade e radical estranhamento a ele associados, deve-se à sua ligação com o Inconsciente, por ser, ele mesmo – Outro, o Duplo – uma emergência do Inconsciente. Uma experiência de estranheza ocorre se complexos infantis reprimidos são revividos ou atualizados por algum acontecimento, ou quando crenças infantis superadas voltam a ser confirmadas. Nessas ocasiões o sujeito constata ser habitado por um "outro" do qual nada sabe e sobre o qual não tem controle. É o que ocorre nos atos falhos, sintomas e nas compulsões à repetição.

Diz Freud:

> Todos esses temas dizem respeito ao fenômeno do "duplo", que aparece em todas as formas e em todos os graus de desenvolvimento.

---

[5] Freud, S., *O Estranho*, Standard Edition. Rio de Janiero, Imago vol. XVII, 1976.

O Horlá – Considerações sobre a constituição do sujeito

Assim, temos personagens que devem ser considerados idênticos porque parecem semelhantes, iguais. Essa relação é acentuada por processos mentais que saltam de um para outro desses personagens – pelo que chamaríamos telepatia –, de modo que um possui conhecimento, sentimentos e experiência em comum com outro. Ou é marcada pelo fato de que o sujeito identifica-se com outra pessoa, de tal forma que fica em dúvida sobre quem é o seu eu, ou substitui o seu próprio eu por um estranho. Em outras palavras, há uma duplicação, divisão e intercâmbio do eu.

Continua Freud:

O tema do "duplo" foi abordado de forma muito completa por Otto Rank. Ele penetrou nas ligações que o "duplo" tem com reflexos em espelhos, com sombras, com os espíritos guardiões, com a crença na alma e com o medo da morte; mas lança também um raio de luz sobre a surpreendente evolução da idéia. Originalmente, o "duplo" era uma segurança contra a destruição do eu, uma "enérgica negação do poder da morte", como afirma Rank; e, provavelmente, a alma "imortal" foi o primeiro "duplo" do corpo... Tais idéias, no entanto, brotaram no solo do amor próprio ilimitado, do narcisismo primário que domina a mente da criança e do homem primitivo. Entretanto, quando essa etapa está superada, o "duplo" inverte seu aspecto. Depois de haver sido uma garantia de imortalidade, transforma-se em estranho anunciador da morte. A idéia do "duplo" não desaparece necessariamente ao passar o narcisismo primário, pois pode receber novo significado nos estágios posteriores do desenvolvimento do ego. Forma-se ali, lentamente, uma atividade especial, que consegue resistir ao resto do ego, que tem a função de observar e de criticar o eu e de exercer uma censura dentro da mente, e da qual tomamos conhecimento como nossa "consciência".

A estranheza do "duplo", diz Freud, é por ser "uma criação que data deste estágio mental muito primitivo e nunca completamente

32 **Visita às casas de Freud e outras viagens**

superado – incidentalmente um estádio em que o "duplo" tinha um aspecto mais amistoso".

Diz ainda:

> As outras formas de perturbação do ego, (...) são um retorno a determinadas fases na evolução do sentimento de auto-consideração, uma regressão a um período em que o ego não se distinguia ainda nitidamente do mundo externo e de outras pessoas.

O problema do narcisismo primário (um momento suposto do desenvolvimento psíquico, quando a criança ignora o mundo externo, voltando sobre si mesmo toda a libido, não a investindo em outras pessoas ou suas representações), da gênese e desenvolvimento do ego, tem gerado discussões teóricas sobre a constituição do sujeito.

Como assinalam Laplanche e Pontalis, Freud tinha duas vertentes para trabalhar a gênese do ego: como produto de uma diferenciação progressiva do id, resultante da influência da realidade externa e outra

> que parte não de uma diferenciação funcional, mas fazendo intervir operações psíquicas próprias, verdadeiras precipitações no psiquismo de vestígios, imagens, formas tiradas do outro humano[6].

À medida que o ego se constitui a partir destas precipitações, fica difícil entender o narcisismo primário como anobjetal (sem objetos nos quais o ego investiria a libido, como já se viu). Mais seria ele a descrição das ligações mais primitivas deste ego ainda não separado e discriminado da realidade e dos outros que o cercam.

Citando Laplanche e Pontalis:

> Numa perspectiva genética podemos conceber a constituição do ego como unidade psíquica correlativamente à constituição

---

[6] Laplanche Pontalis *Vocabulário de Psicanálise*, Martins Fontes.

O Horlá – Considerações sobre a constituição do sujeito 33

do esquema corporal. Podemos ainda pensar que tal unidade é precipitada por uma determinada imagem que o indivíduo adquire de si mesmo segundo o modelo do outro e que é precisamente o ego. O narcisismo seria a captação amorosa do indivíduo por esta imagem. Lacan relacionou este primeiro momento de formação do ego com a experiência narcísica fundamental que ele designou pelo nome de "fase do espelho". Nessa perspectiva em que o ego se define por uma identificação com a imagem de outrem, o narcisismo – mesmo o "primário" – não é um estado do qual esteja ausente toda e qualquer relação intersubjetiva, mas é a interiorização de uma relação. Essa é justamente a concepção que ressalta de um texto como *Luto e Melancolia* onde Freud parece exatamente nada mais ver no narcisismo do que uma "identificação narcísica" com o objeto.

Assim sendo, este primeiro outro, aquele que fornece a imagem especular, aquele que forma o ego como depósito sedimentado de suas imagens, é, sem dúvida e privilegiadamente, a mãe.

Esta ligação primordial com a mãe, este "duplo" essencial, é abordada de duas maneiras em *O Estranho*. Primeiro quando Freud fala das fantasias fóbicas de ser enterrado vivo:

> Essa fantasia assustadora e apenas uma transformação de outra fantasia que originalmente nada tinha em absoluto de aterrorizador, mas caracterizava-se por uma certa lascívia – quero dizer, a fantasia da existência intra-uterina.

Ou seja, o desejo de retomar a ligação simbiótica totalizadora com a mãe. Ou ainda, o gozo do corpo da mãe.

Posteriormente, Freud diz:

> Acontece com freqüência que os neuróticos do sexo masculino declaram que sentem haver algo estranho no órgão genital feminino. Esse lugar *unheimlich*, no entanto, é a entrada para o antigo *Heim* (lar) de todos os seres humanos, para o lugar onde cada um de nós

viveu certa vez, no princípio. Há um gracejo que diz: "O amor é a saudade de casa"; e sempre que um homem sonha com um lugar ou um país e diz para si mesmo, enquanto ainda está sonhando: "este lugar é-me familiar, estive aqui antes", podemos interpretar o lugar como sendo os genitais da sua mãe ou o seu corpo. Nesse caso, também o *unheimlich* é o que uma vez foi *heimlich*, familiar, o prefixo *un* (in) é o sinal da repressão.

Esse trecho é muito interessante porque Freud dá uma interpretação da angústia de castração diferente da habitual, quando afirma que o menino acha estranho e se assusta com o genital feminino pela ausência de pênis e por ver nisso a confirmação do perigo advertido pelas ameaças anteriores.

Fica clara a articulação posteriormente feita por Lacan, que mostra a castração em diferentes momentos constitutivos do sujeito humano.

Freud é criticado por aqueles que julgam ter ele construído uma teoria dita "falocêntrica", que enfatiza a importância do pai, deixando à sombra a relação com a mãe, falha que teria sido reparada por tantos de seus seguidores, que – para tanto – desviaram-se significativamente de importantes idéias do mestre. Mas Lacan recupera a presença da mãe na teoria freudiana propriamente dita.

Ao propor três tempos para o Complexo de Édipo, Lacan mostra que a primeira castração é justamente essa aludida por Freud em *O Estranho*; é o corte da ligação fusional e indiscriminada com a mãe. Tal corte nos constitui como sujeitos humanos, instaurando para sempre a falta, a ausência, a lacuna que o desejo humano procurará incessante e inutilmente preencher, deixando-nos assujeitados ao desejo do outro (da mãe, inicialmente), para podermos ser por ele desejados e assim refazer uma unidade imaginária irremediavelmente perdida.

Tentamos superar esta falha, esta ausência, com as palavras, esta simbolização que nega e evidencia a falta, tornando a ausência em presença e vice-versa[7]. Esse corte, a castração primeira, esta falta e

---

[7] Juranville, Alain *Lacan. e a Filosofia.* Jorge Zahar Editores, 1987.

O Horlá – Considerações sobre a constituição do sujeito 35

falha, é posteriormente ressignificada pela constatação das diferenças anatômicas entre os sexos, na qual a ausência – não mais da mãe e sim do pênis – vai centrar a angústia, enquanto possibilidade temida no homem ou constatação acabrunhante na mulher.

Voltando agora ao *O Horlá*, depois desta incursão na teoria, podemos dizer que o texto mostra momentos da constituição do sujeito.

Maupassant parte das teorias da antiguidade grega, de Empédocles, abandonando-as frente às perplexidades do hipnotismo, da sugestão, antevendo então uma mudança radical, o nascimento de uma nova entidade, o Inconsciente, intuindo a íntima relação deste com o Outro. O autor mostra o narrador desenraizado e possuído por um outro desconhecido, o Horlá, o que o faz perder a identidade.

O Horlá retrata uma regressão psicótica aos momentos primitivos de fusão e separação característicos da relação narcísica primária do sujeito com o outro (a mãe). Maupassant captura a angústia desesperada e constituinte vigente em torno da primeira castração. Ao invés da unidade narcísica primária, da fusão com o "outro benigno que afasta a morte", este outro familiar e idêntico como aparece agora algo diferente – um outro "anunciador da morte" que ameaça o sujeito, é a mãe, a Coisa, em sua radical alteridade e estranheza. Este outro tão familiar – na medida em que o sujeito assimilou seus desejos, seus pensamentos e suas palavras, através das quais simbolizou o real – e tão essencialmente estranho – um não-eu, um fora-de-mim, distante, exótico, "brasileiro".

É quando se instala o vácuo do não-ser, descrito por Maupassant como o não se ver ao espelho, a experiência de desenraizamento de si mesmo, a presença do vento que arranca o sujeito de sua terra, da água para sempre corrente, aberta para o outro, no qual o sujeito se perde.

Essa primeira castração, quando não estabelecida em ocasião propícia (como primeiro tempo do complexo de Édipo), é um dos fatores desencadeantes da psicose no adulto, que é – em última instância – o que e mostrado em *O Horlá*.

36 Visita às casas de Freud e outras viagens

A idéia de morte que subjaz em todo o processo, o outro não mais "amigável" e sim o "anunciador da morte", não deixa de ser uma representação distorcida do mesmo desejo – a volta ao seio da mãe terra, já aludida na interpretação da fantasia claustrofóbica citada anteriormente e também abordada por Freud em *O Tema dos Três Escrínios*[8]. O desejo de morte, de repouso absoluto, do Nirvana, de ausência de estímulos e conflitos é, sem dúvida, a maior expressão da Pulsão de Morte.

A ambigüidade que faz com que o *Outro amigável e protetor contra a morte* seja o mesmo *Outro arauto da morte* é aludida por Freud em *O Estranho* de outra forma. Seu trabalho se inicia com uma longa digressão lingüística sobre as palavras alemãs *heimlich / unneimlich*, que apesar de aparentemente significarem qualidades opostas de *familiar / não familiar* e *estranho*, são tão ambíguas, que só podem ter seu significado aferido no encadeamento das palavras na frase. Freud mostra aí a supremacia do significante sobre o significado, como já o tinha feito extensamente em *A Interpretação dos Sonhos*, vertente sobejamente explorada e desenvolvida por Lacan.

A propósito, já que falamos de aspectos lingüísticos, lembremos que *Horla* advém de *Hors de là (o que vem de fora, de longe)*.

A importância da linguagem, das palavras, ressalta mais ainda quando nos lembramos de que a falha, a falta que nos constitui é incessantemente preenchida por significantes, por palavras onde se inscreve o desejo do Outro[9].

---

[8] Freud; S. *O Tema dos Três Escrínios* S. E. Rio de Janeiro, Imago vol. XII, 1969 – vide p. 61.

[9] Nasio, J.-D. *Lições sobre os 7 conceitos cruciais da psicanálise*. Rio de Janeiro, Jorge Zahar Editor, 1989.

Pare no d. – Algumas idéias sobre *Esaú e Jacó* e *Memorial de Aires*[10]

Esse artigo apresenta, inicialmente, uma leitura de *Esaú e Jacó*[11] e *Memorial de Aires*[12], na qual se pretende evidenciar a grande proximidade que os une, o que os coloca como romances *gêmeos*. Uma segunda leitura, essa mais propriamente analítica, aborda *Esaú e Jacó*, levantando hipóteses sobre o porquê de sua feição abrupta, que gera no leitor uma sensação de frustração e incompletude. Tal sensação seria efeito gerado pelo enredo, que mostra o sujeito não inteiramente constituído, mantendo-se alienado no desejo do Outro. A questão é ilustrada com a interpretação de Hamlet, Antígona, e dos gêmeos bíblicos que emprestam o nome ao título do livro. Passo seguinte, fala-se da importância da psicanálise de família e do enfoque transgeracional.

---

[10] Trabalho apresentado no XV Moitará da Sociedade Brasileira de Psicologia Analítica, tendo como tema "Machado de Assis, o bruxo do Cosme Velho" e realizado em Campos de Jordão, nos dias 23, 24 e 25 de Novembro de 2001.

[11] Machado de Assis, *Esaú e Jacó*. São Paulo: Editora Ática, 1999, 12ª edição.

[12] Machado de Assis, *Memorial de Aires*. São Paulo: Editora Ática, 2000, 6ª edição, 2ª impressão.

1

Esaú e Jacó e *Memorial de Aires* são escritos pelo mesmo personagem, o Conselheiro Aires, que, ao morrer, deixara "sete cadernos manuscritos, rijamente encapados em papelão"[13]. Em tinta encarnada, estão numerados de I a VI, tendo o sétimo o título de *Último*. Este foi transitoriamente chamado de *Ab Ovo* até receber o nome definitivo de *Esaú e Jacó*. Seu fictício autor adota a posição de narrador onisciente, aparecendo como personagem com seu próprio nome. Dos demais cadernos, escritos sob a forma de diário, somos informados que o material referente aos anos de 1888-1889, "decotado de algumas circunstâncias, anedotas, descrições e reflexões" foi publicado com o título de *Memorial de Aires*. Vê-se aí algum desacerto, pois os livros que deveriam ser o *último* e o *penúltimo* são publicados – por Machado de Assis – na ordem inversa.

Esaú e Jacó conta a história do rico casal Santos e Natividade, pais dos gêmeos Pedro e Paulo. Com um ano de idade, uma vidente diz terem eles brigado ainda no ventre da mãe e que seriam grandes homens, destinados a importantes feitos no futuro. Os pais se impressionam com tal vaticínio e dele muito esperam. Os filhos crescem dentro de crescente rivalidade, que toma especial colorido quando adotam posições opostas frente à ebulição política causada pela iminente queda do Reinado e a instalação da República, assim como quando ambos se apaixonam por Flora, filha do casal Cláudia e Batista, ele um político conservador. Flora é ambígua e não define a quem ama. Adoece gravemente e termina por falecer, sem escolher nenhum dos irmãos. Estes abandonam suas carreiras de medicina e advocacia, impostas pela mãe, e entram na política como deputados republicanos de facções rivais. Os irmãos, que não casaram e não fizeram grandes coisas, apesar de terem jurado à mãe que seriam amigos, logo após sua morte reinstalam a velha hostilidade que os

---

[13] Machado de Assis, *Esaú e Jacó*, p. 13.

mantêm inimigos, frente à indiferença do Conselheiro Aires, que muitas vezes fora chamado pela mãe para intervir e orientá-los em suas querelas.

Em *Memorial de Aires*, seguimos o Conselheiro Aires freqüentando a casa do casal Aguiar, que acolhe a rica viúva Fidélia Noronha, impossibilitada de aproximar-se de sua família de origem (os barões de Santa Pia), por ter feito um casamento que contraria os desejos paternos. Os Aguiares e a Viúva Noronha estabelecem relações de pais e filha, fonte de muita alegria para ambos os lados. Os Aguiares não tinham filhos e, anos antes, ligaram-se intensamente a Tristão, filho de um casal amigo que partira para Portugal. Tristão retorna, a negócios, ao Brasil e conquista a até então inconsolável Fidélia, levando-a para Lisboa, onde fora eleito para um cargo legislativo. De passagem, é referida a abolição da escravatura, o que tem certa importância na liquidação da fazenda Santa Pia, antes da viagem definitiva para Portugal.

Esaú e Jacó e *Memorial de Aires* não gozam dos mesmos prestígio e reconhecimento que banham os outros três romances realistas, *Memórias Póstumas de Brás Cubas, Quincas Borba* e *Dom Casmurro,* em que Machado cunhou seu estilo e marcou a literatura brasileira com uma devastadora ironia e ceticismo, cobrindo de sarcasmo a grande mascarada da vida em sociedade, aproximando-se, como já foi notado, do distanciamento clássico dos moralistas e iluministas do século XVI e XVII[14] e da fina observação analítica pós-freudiana.

Nesses livros o tom é outro. Esmaecidas estão a ironia e a acidez machadianas. O viúvo Conselheiro, que – no meio de suas andanças diplomáticas – enterrara a mulher em Viena, a tudo vê com comedimento e frieza, quase indiferença. Registra, reconhece o que acontece, mas nada o atinge. Não se compromete em suas opiniões, sua preocupação maior é evitar aborrecimentos. Repetindo um verso de Shelley, diz que "não pode mais dar aquilo que os homens chamam de amor" (*I can*

---

[14] Bosi, Alfredo, *O enigma do olhar*. São Paulo: Editora Ática, 2000, p. 155.

40 Visita às casas de Freud e outras viagens

not give what men call love)[15] e ao responder às conversas, faz "gesto de dois sexos"[16]. Essas referências de claras ressonâncias sexuais, que remetem à impotência e à ambigüidade sexual, parecem caracterizar o abandono de uma atitude viril e impositiva, fazendo Aires enfrentar passivamente os dois grandes momentos da história brasileira relatados em seus livros: a abolição da escravatura, em *Memorial de Aires*, e a proclamação da república, em *Esaú e Jacó*.

É verdade que a antiga verve de Machado não está inteiramente apagada. Em *Esaú e Jacó*, é vista nas maquinações de dona Cláudia, que sentindo no ar as mudanças políticas, trata de apresentar seu marido Batista, político arqui-conservador, com as vestes de um antigo liberal, para espanto do mesmo, o que provoca efeitos hilariantes. E no *Memorial*, a perfídia, a maledicência ficam por conta de dona Cesária, que bisbilhota a vida de todos, para deleite do casto e prudente Conselheiro.

Esse tempo de grandes mudanças provoca conflitos identitários. Todas as identidades estão em jogo. Precisam ser repensadas, reforçadas ou trocadas, o que mobiliza as funções adaptativas do ego.

Até onde essa adaptação à nova realidade implica num reconhecimento de lutos e perdas ligados à situação anterior, em ansiedades frente ao desconhecido, flexibilidade para reconhecer novas oportunidades, fixação em padrões superados, desvelamento de oportunismos os mais deslavados, é o que Machado esboça com vários personagens.

Deparamo-nos com a atitude distante e indiferente de Aires, que a tudo vê como se nada importasse. Seguimos a perplexidade do personagem chamado apropriadamente de Custódio, o confeiteiro surpreendido pelos acontecimentos no momento em que mandara repintar a tabuleta de seu estabelecimento comercial, até então *Confeitaria do Império*, e que manda "parar no D", temeroso de fazer uma opção politicamente perigosa e economicamente desastrosa para seu negócio.

---

[15] Machado de Assis, *Memorial de Aires*, p. 22.

[16] Machado de Assis, *Esaú e Jacó*, p. 37.

Pare no d. – Algumas idéias sobre *Esaú e Jacó* e *Memorial de Aires*   **4 1**

Rimos com as maquinações de dona Cláudia, uma Lady Macbeth fluminense que não quer ser alijada dos círculos do poder, o que a leva a inventar uma nova leitura do repertório político do marido.

É de se pensar até que ponto o próprio Machado, funcionário público de carreira, não teria ocultado seus temores frente às mudanças políticas atrás da fleuma do Conselheiro Aires ou dos desmandos tragicômicos de Custódio e dona Cláudia.

O retraimento do Conselheiro Aires refletiria o humor depressivo dos últimos anos do também viúvo Machado, humor que acentuava seu ceticismo frente às esperanças exageradas que muitos depositavam na abolição da escravatura e na proclamação da república. Mas a forma descrente com a qual Machado encara, nos dois livros, os dois momentos históricos não deve ser confundida com mero conservadorismo.

Se lhe "cabia melhor o chapéu do império", como diz um personagem, era por desconfiar da república que se proclamava naquele momento, daquela forma. Olhava com desdém a corrupção e a plutocracia que se instalavam brutalmente e que se manifestavam com o "encilhamento", a especulação financeira desenfreada, que dava vez a uma nova e desprezível casta no poder[17].

Essa descrença com a república poderia ser a motivação secreta que o levou a dar uma morte prematura a Flora, personagem cujo nome passa a ser significativo quando notamos a semelhança fonética com o de Floriano, a grande figura política do momento, responsável pela consolidação dos novos tempos. Também é muito expressivo que Flora seja enterrada em 10 de abril de 1892, dia em que Floriano Peixoto decreta estado de sítio, decreto "que valeu só por 72 horas", debelando uma rebelião contra seu governo[18]. O final inconcluso e incerto do livro poderia ser visto como uma metáfora reveladora das dúvidas de Machado quanto ao futuro da república no país.

---

[17] Faoro, Raymundo, *Machado de Assis: A pirâmide e o trapézio*.[f==666= Editora Globo, 2001, 4' edição revisada, p.386-91.

[18] M. de A., *Esaú e Jacó*, p. 176.

42 Visita às casas de Freud e outras viagens

Ao contrário da proclamação da república, que ocupa significativo espaço em *Esaú e Jacó*, a abolição da escravatura mal aparece em *Memorial de Aires*. É apenas um detalhe no romance de Tristão e Fidélia. É claro que Machado mostra ironicamente a "bondade" dos senhores brancos frente a seus escravos. Mas seu excessivo distanciamento e sua indiferença frente à abolição, atitude característica de Aires, parecem sintomáticos, reveladores de uma dificuldade em abordar um tema que pessoalmente o feria, sendo ele mulato e neto de escravos. Entretanto, diz Bosi,

> esse é um dos traços mais fugidios e inquietantes da fisionomia machadiana: o seu olhar passa de aparentemente conformista, ou convencional, a crítico, sem que o tom concessivo deixe transparecer qualquer impulso de indignação[19].

De fato, preferia fazer como Erasmo[20], apreciando de seu observatório o desfile da loucura humana a se esfalfar nos jogos do poder. Sua visão irônica e darwinista da sociedade compreendia a motivação humana regida por "duas naturezas" – o desejo e o interesse[21], sendo o objetivo primordial de todos a ascensão social, que se realiza às custas do "patrimônio" ou do "matrimônio". O sarcasmo com o qual vê tal escalada mal esconde a identificação com suas denodadas heroínas, que, a duras penas sobem os degraus das classes sociais.

> O fato de essas figuras voluntariosas e autocentradas serem mulheres (...) foi interpretado como obra de disfarce, de raiz autobiográfica, pelo qual Machadinho dos anos 70, em plena ascensão, convertia e sublimava a sua própria escolha existencial,

observa agudamente, Lucia Miguel Pereira, numa citação de Bosi[22].

---

[19] Bosi, Alfredo, *op.cit*. São Paulo: Editora Ática, 2000, 1ª edição, p.54.
[20] Machado de Assis, *Memórias Póstumas de Brás Cubas*. São Paulo: Abril Cultural, 1971, p. 166.
[21] Bosi, Alfredo, *op. cit.*, p. 17.
[22] Bosi, Alfredo, op. cit, p. 20.

Pare no d. – Algumas idéias sobre *Esaú e Jacó* e *Memorial de Aires*   **43**

O pouco entusiasmo de Machado pelas mudanças que supostamente seriam trazidas pela Abolição e pela República decorria de sua convicção de que a luta pela escalada social continuaria da mesma forma, a humanidade continuaria regida pelas "duas naturezas", presa aos pressupostos darwinistas da sobrevivência do mais forte. "Ao vencedor, as batatas", é o mote de Quincas Borba, divulgando sua doutrina do Humanitismo[23].

Abstraindo os magnos eventos políticos referidos nos dois romances gêmeos, o grande tema que os une é o reconhecimento da passagem do tempo, que a tudo muda. "Parar no D" é uma tentativa inútil de tentar impedir seu inexorável fluir: o Império já se fora e a República era uma realidade. Aires, se começa por criticar a mudança de sentimentos da viúva Noronha ao se apaixonar por Tristão, ou das mudanças deste em relação aos Aguiares, termina melancolicamente aceitando que as coisas sejam assim mesmo: os jovens não podem ser censurados por se darem o direito de viver suas próprias vidas e deixarem os velhos sozinhos, com a "saudade de si mesmos"[24].

2

Focalizarei agora mais atentamente *Esaú e Jacó*. Embora possa ser visto, como já foi feito acima, como uma metáfora da situação política brasileira, esse "romance dos gêmeos, estranha história em que tudo é dobra ou cisão", como diz Bosi[25], transcende essa contingência.

Esaú e Jacó exala um odor de coisa abortada, de algo que não amadureceu inteiramente, que cresceu apenas para murchar, sem que as necessárias floração e frutificação tenham-se dado. Há uma incompletude, uma insatisfação, algo que fica suspenso e não cai como devia.

---

[23] Machado de Assis, *Quincas Borba*. Porto Alegre: L&PM Pocket, 1997, p. 22.

[24] Machado de Assis, *Memorial de Aires*, p.134.

[25] Bosi, Alfredo, *op. cit.*, p. 130.

Visita às casas de Freud e outras viagens

Penso que o desconforto e a estranheza que o livro causa no leitor é o efeito psicológico, afetivo e estético decorrente da trama, que mostra como os gêmeos Pedro e Paulo não se constituíram como sujeitos, permanecendo submetidos ao desejo da mãe, nele alienados, impossibilitados de se assenhorearem de seus próprios desejos. É o que procurarei fundamentar a seguir, analisando o enredo da obra.

Em seu início, vamos ver que, ao saber da gravidez, que ocorre dez anos após o casamento, ao contrário do marido Santos, que ficou feliz, Natividade – curioso nome que remete diretamente à maternidade, à função materna – não demonstra alegria alguma. Pelo contrário, acha que a criança vinha "deformá-la por meses, obrigá-la a recolher-se, pedir-lhe as noites, adoecer dos dentes e do resto". Essa foi sua primeira sensação e o primeiro ímpeto foi "esmagar o germe e criar raiva do marido". Somente num momento posterior, reconciliou-se com seu estado. Santos, por sua vez, se alegrava com a chegada dessa "criatura tirada da coxa de Abraão", uma outra referência bíblica ao fato de Abrãao e Sara terem gerado já provectos o filho Isaac[26].

Algumas observações iniciais. A demora em engravidar, de dez anos, pode ser entendida como sintomática, mostrando a relutância de Natividade em assumir a maternidade, relutância que se explicita sem mais demora no desejo de abortar, de "esmagar o germe", destruir o filho.

Os pais ficam surpresos com a chegada de gêmeos, mas logo se acostumam e ficam imaginando o que seriam no futuro. A mãe diz que um será médico e o outro advogado e que, seguramente, serão "grandes homens"[27]. Quando as crianças já estavam com mais de um ano, Natividade soube, através das criadas, da existência da Cabocla do Castelo, uma advinha à qual sente imperiosa necessidade de consultar, pois "velhas idéias que lhe incutiram em criança vinham agora emergindo do cérebro e descendo ao coração"[28].

---

[26] Machado de Assis, *Esau e Jacó*, p. 26.
[27] Machado de Assis, *op. cit.*, p. 30.
[28] Machado de Assis, *op. cit.*, p. 31.

Parente d. – Algumas idéias sobre *Esaú e Jacó* e *Memorial de Aires*

Vai à vidente, que lhe pergunta se os filhos tinham brigado "antes de nascer, no ventre". Tal idéia nunca lhe ocorrera antes, mas Natividade, "que não tivera a gestação sossegada, respondeu que efetivamente sentira movimentos extraordinários, repetidos, e dores, insônias...", e adota imediatamente a interpretação da advinha, incorporando-a como verdadeira, assim como sua relutante afirmação de que os gêmeos fariam "grandes coisas futuras, coisas bonitas", afirmando que seriam "gloriosos"[29].

Tais profecias serão posteriormente confirmadas por um sábio espírita amigo do pai, selando assim a sorte dos gêmeos: *"teste David cum Sybilla"*[30].

O que podemos ver aí? Antes de mais nada, a mãe reluta em ter um filho e quer matá-lo. Depois do parto, vendo as crianças, somos informados que "velhas idéias vindas da infância começam a atormentá-la", o que a leva a querer adivinhar o futuro dos filhos.

Tais "velhas idéias" parecem indicar a regressão a padrões infantis sofrida por Natividade durante o pós-parto. A preocupação recorrente com o futuro grandioso dos filhos parece ser uma supercompensação obsessiva, uma formação reativa frente a seus desejos assassinos contra os filhos – se eles são "gloriosos", ela (a mãe) não os danificou com seu desejo assassino. Por outro lado, se são eles os que brigam em seu ventre, coisa em que *a posteriori* passa a acreditar, ficam eles como os portadores da agressividade, são eles os que a agrediram, provocando-lhe dores, e não ela quem quis matá-los. Livra-se assim a mãe do pesado ônus da agressividade, projetando-a sobre os frágeis ombros infantis, desta forma marcando-os indelevelmente.

Vemos como a fantasia da mãe (e do pai) envolve os filhos desde o momento da concepção e até mesmo muito antes dela, como quando se fala das "velhas idéias" da mãe quando menina.

É interessante notar como é freqüente nos mitos e nas histórias de fadas, a presença de profecias em relação aos futuros filhos. A tragédia

---

[29] Machado de Assis, *op. cit.*, p. 18.

[30] Machado de Assis, *op. cit.*, p.40.

46   **Visita às casas de Freud e outras viagens**

de Édipo, sabemos, decorre de uma profecia feita a Laio e Jocasta pelo oráculo de Delfos, que os avisa que darão a luz a uma criança que matará o pai. Isso faz com que Laio e Jocasta planejem o assassinato do filho, abandonando-o nas montanhas para que ali morra.

As profecias que anunciam o filho como um futuro assassino do pai já aparecem nos mitos gregos mais antigos, como no primeiro casal Céu e Terra, pais dos titãs e dos ciclopes. Céu rejeitava os filhos e, quando eles nasciam, os escondia no seio da Terra, condenando-os a viver ali para sempre. Terra se revolta contra esse comportamento e incita os filhos a se insurgirem contra o pai. Os jovens titãs não aceitam tal conclamação, exceto Saturno, que castra o pai jogando seus testículos ao mar. Saturno, ao se casar com a titânia Cibele, recebe a profecia de que seria destronado por um de seus filhos. Por esse motivo, devora os à medida que nascem. Entretanto, ao nascer Júpiter, Cibele o esconde e dá ao marido uma pedra, que ele engole pensando ser o recém-nascido. Júpiter escapa e mais tarde dá ao pai, uma poção que o faz vomitar os filhos engolidos anteriormente. Por dez anos Júpiter e Saturno lutam, até a vitória do primeiro. Também Júpiter, então casado com Métis, recebe a profecia de que seria destronado por um filho, o que o faz engolir Métis.

Como entender essa sistemática profecia de que o filho engendrado matará o pai? Tais profecias são reveladoras da fantasia dos pais, projetada nos oráculos que a veiculam. Essas fantasias, ligadas às estruturas narcísicas e edipianas dos pais, mostram a regressão neles provocada pela fecundação e gestação de um filho, que os faz reatualizar vivências infantis, levando-os a confundir a chegada do filho com a traumática chegada de um irmão mais novo, motivo de um insuportável afastamento da mãe. A gravidez da mulher reatualiza as lembranças das gravidezes da mãe, despertando as fantasias assassinas em relação a esse primeiro rival, o irmão, agora confundido com o filho. Não podendo admitir os desejos assassinos contra o filho – "irmão", atribui a ele esse desejo – é o filho que vem para matar o pai.

Pare no d. – Algumas idéias sobre *Esaú e Jacó* e *Memorial de Aires*   **4 7**

Essas fantasias podem atingir uma intensidade crítica com o nascimento do filho, o que fez Carel denominar tal momento de "traumatose perinatal"[31].

Isso mostra o descompasso entre o soma e o psíquico, dá provas de que a plena maturidade fisiológica do corpo, condição da procriação, independe da maturidade psíquica, pois não é raro que justamente nesses momentos se exponha a fragilidade emocional dos pais, que mergulham em fortes movimentos regressivos.

O ponto que é necessário ressaltar é que a criança nasce em meio a uma tempestade emocional inconsciente dos pais, geradora de fantasias que vão ter papel determinante, constituinte e estruturante do psiquismo do filho.

No caso de Édipo, antes de ser engendrado, os pais já o viam como a um assassino e isso terminou por se realizar. O mesmo se dá nos dramas mitológicos e no caso de Pedro e Paulo. Esses são igualmente depositários da agressividade da mãe, serão eternos inimigos em luta. Também depositários do narcisismo materno, estarão sempre querendo ser os "grandes homens", fazer "grandes coisas".

Édipo, Pedro e Paulo, estão alienados no desejo dos pais, da mãe, impossibilitados de se constituírem inteiramente como sujeitos desejantes, sabedores e conhecedores de seus próprios desejos.

Essa alienação estrutural no desejo do outro, da mãe, pode ser exemplificada nas interpretações que Lacan faz de Hamlet[32] e Antígona[33]. Sabemos que a conhecida interpretação freudiana sobre a hesitação que impede Hamlet de matar Cláudio, como o fantasma do pai o exige, é estar ele edipianamente identificado com o assassino. Também ele, na fantasia infantil, teria desejado matar o pai para se apoderar do amor de Gertrude. Não se sente, portanto, moralmente autorizado para julgar alguém que realizou o que ele mesmo desejara

---

[31] Carel, A., "A Posteridade de Geração" in Alberto Eiguer (org.), *A Transmissão do Psiquismo entre gerações – Enfoque de Terapia Familiar Psicanalítica*. São Paulo: Unimarco Editora, 1998, p. 101-2.

[32] Lacan, Jacques, *Hamlet por Lacan*. Campinas Escuta/Liubliú, 1986, p. 34-6.

[33] Lacan, Jacques, *O Seminário, Livro VII, A Ética da Psicanálise*. Rio de Janiro: Jorge Zahar Editor, 1986, p. 342.

fazer. Lacan mostra um ângulo mais primitivo do impedimento de Hamlet. Se o fantasma do pai só acusa quem o matou, Hamlet não esquece que a mãe foi cúmplice do assassino do pai, ela ativamente participou do crime. Ou seja, ela desejava a morte do marido e a concretizou. Hamlet, identificado com o desejo mãe, o assume temporariamente como seu, ficando por isso paralisado. Só mais tarde estará livre para ter seu próprio desejo, com trágicas conseqüências.

O mesmo se dá com Antígona. Classicamente se interpreta sua rebeldia contra Creonte como símbolo da luta contra o poder do estado e o respeito às leis do sangue. Lacan mostra como Antígona está totalmente perdida no desejo criminoso da mãe Jocasta, ela quer ser criminosa. A disposição em dar um enterro honrado para o irmão seria mera racionalização de um desejo mais recôndito, inconsciente.

Outro exemplo da importância do desejo materno e paterno no futuro dos filhos é o sugerido pelo próprio Machado de Assis ao dar o nome de *Esaú e Jacó* ao seu livro. Vemos no episódio bíblico que, antes do nascimento dos dois, acontece uma profecia divina assegurando que os gêmeos comandarão duas nações diferentes e o mais velho servirá ao mais novo. Os dois teriam brigado no ventre materno. Jacó teria segurado o tornozelo de Esaú, tentando ser o primogênito. A mãe, Raquel, claramente prefere Jacó e isso a leva a enganar o marido Isaac, pai das crianças, fazendo-o dar a benção ritual ao segundo e não ao primeiro filho. Ao ser questionada, diz ter seguido o desejo de Deus. Sabemos que antes da benção ritual, Esaú, peludo e ruivo, caçador, imediatista, tinha vendido seus direitos de primogenitura por um prato de lentilhas, que o caseiro Jacó cozinhava.

A fraude perpetrada por Raquel e Jacó tem conseqüências desastrosas. Jacó, para escapar ao ódio de Esaú, foge para outra nação, onde fica por vinte anos, com o tio Labão. Raquel morre sem rever o filho predileto. A interpretação judaica é que todos sofrem por terem desobedecido a Deus: Esaú, por desprezar a primogenitura, vendê-la e depois requisitá-la; Isaac, que por amar excessivamente

Pare no d. – Algumas idéias sobre *Esaú e Jacó* e *Memorial de Aires*

Esaú, desobedece ao desejo de Deus expresso na profecia; Raquel e Jacó, por não acreditarem no poder divino e terem achado necessário ajudá-lo com artifícios desonestos.

A história de Esaú e Jacó é interessante na medida em que mostra a dinâmica conflitiva própria de todas as famílias, dos complexos relacionamentos entre pais e filhos, com amores e ódios, mentiras, traições, alianças, preferências, vinganças, ameaças de morte, ciúmes.

Um item interessante é a ambigüidade demonstrada por Esaú frente ao direito de primogenitura. Despreza-o, vendendo por uma ninharia (prato de lentilhas), mas depois o requisita e persegue durante anos o irmão usurpador. Como ainda hoje acontece em algumas situações, com o direito da primogenitura, o filho mais velho recebe o encargo de assumir o patrimônio da família, os bens materiais e as tradições, dos quais passa a ser o guardião. Ou seja, ao primogênito está vedada toda e qualquer autonomia e liberdade no planejar de seu futuro, que está inteiramente determinado pela tradição, pelos usos e costumes.

Não seria o direito da primogenitura uma manifestação social e jurídica desse fato psicológico que estamos apontando aqui – a alienação do sujeito no desejo do outro, que, na prática se evidencia como a concretização do desejo dos pais no futuro de seus filhos? Se assim for, fica clara a ambivalência de Esaú em assumir tão pesado cargo, pois fazê-lo é submeter-se ao desejo paterno e abdicar do próprio.

Já que estamos no Gênesis, não devemos esquecer, quando falamos do narcisismo dos pais projetado nos filhos, que Deus criou os homens *à sua imagem e semelhança*, deles exigindo total obediência. Não seria esse o protótipo da relação narcísica paterna, na medida em que – nesse modelo – os filhos têm que ser iguais aos pais, não podem ser diferentes, e não podem fazer escolhas próprias?

O modelo oposto, da paternidade-maternidade não narcísicos, está expresso na bela e conhecida poesia de Gibran[34]:

---

[34] Gibran, G. Khalil, *O Profeta*. Rio de Janiero: Ediouro, 2001, p. 19.

Vossos filhos não são vossos filhos.
São os filhos e as filhas da ânsia da vida por si mesma.
Vem através de vós, mas não de vós.
E embora vivam convosco, não vos pertencem.
Podeis outorgar-lhes vosso amor, mas não vosso pensamento,
Porque eles têm seus próprios,
podeis abrigar seus corpos, mas não suas almas,
pois suas almas moram na mansão do amanhã,
que vós não podeis visitar nem mesmo em sonho.
Podeis esforçar-vos por ser como eles,
mas não procureis fazê-los como vós.
Porque a vida não anda para trás e não se demora com os dias
passados.
Vós sois os arcos dos quais vossos filhos,
são arremessados como flechas vivas.
O arqueiro mira o alvo na senda do infinito e
vos estica com toda a sua força.
Para que suas flechas se projetem, rápidas e para longe.
Que vosso encurvamento na mão do arqueiro seja vossa alegria.
Pois assim, como Ele ama a flecha que voa,
ama também o arco que permanece estável.

A importância do desejo parental na organização do psiquismo dos filhos tem diversas formulações teóricas, a começar com Freud, ao descrever o narcisismo dos pais[35], desdobrando-se nas elaborações lacanianas em torno do Outro[36], passando pelo "contrato narcisista" de Piera Aulagnier[37], pela teoria da "sedução generalizada" de

---

[35] Freud, Sigmund, *Sobre o narcisismo, uma introdução*, Edição Standard Brasileira das Obras Psicológicas Completas, vol. XIV. Rio de Janeiro: Imago Editora, 1ª edição, 1974, p. 107-8.

[36] Lacan, Jacques, *O Seminário, Livro 11, Os Quatro Conceitos Fundamentais da Psicanálise*. Rio de Janeiro: Zahar Editores, 1979, p.198-202.

[37] Ruiz Correa, Olga B., *Os novos territórios do grupo familiar e a terapia familiar analítica*, Pulsional Revista de Psicanálise, nº. 149, setembro de 2001, p. 16

Pare no d. – Algumas idéias sobre *Esaú e Jacó* e *Memorial de Aires*   5 1

Laplanche[38], pelos "roteiros narcísicos dos pais" de Manzano, Espasa e Zilkha[39], para citar alguns.

A meu ver, elas formam uma vertente teórica que permite postular uma terapia familiar propriamente psicanalítica, levando ao estudo da transmissão psíquica transgeracional ("objeto transgeracional"), tal como teorizado por Kaës. Diz ele:

> O desenvolvimento das pesquisas sobre a transmissão da vida psíquica a partir de novos dispositivos psicanalíticos implica em um novo modelo de inteligibilidade da formação dos aparelhos psíquicos e de sua articulação entre os sujeitos do inconsciente. Essas pesquisas criticam as concepções estritamente intradeterminadas das formações do aparelho psíquico e as representações solipsistas do indivíduo.(...) Os trabalhos psicanalíticos sobre o grupal, nos encorajam a integrar, no campo da psicanálise, todas as conseqüências teórico-metodológicas que derivam do levar em consideração *a exigência do trabalho psíquico que impõe à psique sua inscrição na geração e na intersubjetividade.* (grifos de Kaës)[40].

A discriminação entre os espaços psíquicos *intra-subjetivos, intersubjetivos* e *transubjetivos* permite dar o devido realce à interpretação dos diversos vínculos que se organizam na inter-subjetividade de uma geração familiar e na transubjetividade de sua história.

Nesse sentido, Olga Correa salienta a relevância dos trabalhos de Abraham e Torok, que introduziram importantes conceitos

---

[38] Laplanche, Jean, "Da teoria da sedução restrita à teoria da sedução generalizada", in *Teoria da Sedução Generalizada e outros ensaios.* Porto Alegre: Artes Médicas, 1988, p. 108-125.

[39] Manzano, J.; Palacio Espasa, F.; Zilkha, N.; "Os roteiros narcísicos dos pais", in *Livro Anual de Psicanálise XV, 2001,* International Journal of Psycho-Analysis. São Paulo: Editora Escuta, 2001.

[40] Kaës, René, "Os dispositivos psicanalíticos e as incidências da geração", in *A transmissão do psiquismo entre gerações – Enfoque em terapia familiar psicanalítica.* São Paulo: Unimarco Editora, 1998, p.18-9.

operacionais como os segredos de família que atravessam gerações ("clínica do fantasma" ou "assombração"), o luto impossível por uma pessoa significativa (o que o torna patológico), a identificação secreta com um outro ("fantasma de incorporação") e o enterro intrapsíquico de uma vivência vergonhosa e indizível ("cripta")[41].

3

Ainda falando sobre família, mas agora voltando a Machado de Assis, Schil[42] examina as diversas configurações familiares em sua obra e aponta algumas intuições machadianas que antecipam descobertas de Freud, tais como a importância das experiências infantis como determinantes na estruturação do sujeito, evidenciada no título de um capítulo do *Memórias Póstumas de Brás Cubas*, "O menino é pai do homem". Cita um trabalho de Leme e Lopes que descreve a sintomatologia "paranóide" de Bentinho e a refere à dinâmica de uma família carente de figuras paternas com as quais pudesse se identificar. Schil discorda de Afrânio Coutinho, para quem, na obra de Machado,

> não há nada na vida familial de que os membros possam se orgulhar; o egoísmo é a força diretora e as mulheres são geralmente estéreis, sem desejos nem aptidões maternais; os filhos nascem para sofrer e causar aos pais tormentos, tristezas e aborrecimentos.

Afrânio Coutinho conclui que Machado pouco destacou crianças e vida infantil em suas obras porque o autor teve uma infância infeliz, o que me parece bastante plausível.

---

[41] Ruiz Correa, Olga B., "Colóquio em homenagem a Nicolás Abraham e Maria Torok", in Olga B. Ruiz Correa (org.), *Os avatares da transmissão psíquica geracional*, São Paulo: Editora Escuta, 2001, p. 9.

[42] Schil, Mary Huseby, *Pais e filhos nos romances de Machado de Assis*, Luso-Brazilian Review, XXV, 2, 0024-7413/88/075, 1988, Wisconsin, USA.

Pare no d. – Algumas idéias sobre *Esaú e Jacó* e *Memorial de Aires*   5 3

Retomando os gêmeos de *Esaú e Jacó*, vamos vê-los crescendo na luta e na ambição, até se apaixonarem por Flora. Como sabemos, Flora morre sem escolher nenhum dos dois e os deixa sem muita disposição e garra, de volta aos braços da mãe, que "vivia agora enamorada dos filhos; levava-os a toda parte, ou guardava-os para si, a fim de os gostar mais deliciosamente, de os aprovar por atos, de auxiliar a obra corretiva do tempo"[43]. Abandonam as profissões escolhidas, onde não se sobressaíram como esperado pela mãe, e são ambos eleitos deputados. Até a morte, a mãe espera "grandes coisas". Natividade não confessava, mas a ciência já não lhe bastava: "A glória científica parecia-lhe comparativamente obscura; era calada, de gabinete, entendida por poucos. Política não. Para um cético Conselheiro Aires, disse: Talvez já pensem na presidência da república"[44].

E o livro acaba assim, abruptamente, dando a impressão de inacabado, de não concluído, como se algo não tomasse forma definida e completa, não se configurasse, não se constituísse. Pedro e Paulo não casaram, nada indica que venham a ser grandes homens no futuro. Não "floriram", não desabrocharam plenamente. Isso causa no leitor desconforto e perplexidade, um estranhamento diante do vazio.

O sentimento despertado no leitor decorre da não constituição de Pedro e Paulo enquanto sujeitos. Assujeitados ao desejo da mãe, jamais puderam ter acesso a seus próprios desejos, fadados à alienação e ao fracasso.

Assim, vemos que o outro título do livro que Machado imaginara, *Ab ovo*, com suas conotações de *desde o ovo, desde o começo, desde a origem* também seria muito pertinente por referir-se ao que, efetivamente, é a origem de tudo, ou seja, a fantasia e o desejo parental que antecedem, em muito, a própria concepção de cada ser humano. Somos imaginados, falados, desejados (ou não), muito antes de existirmos.

---

[43] Machado de Assis, *op. cit.*, p.179.
[44] Machado de Assis, *op. cit.*, p.187.

A saída dessa alienação no desejo do outro se dá pela castração simbólica, pela entrada no Édipo, quando o pai joga papel da maior importância, rompendo a relação narcísica especular do filho com a mãe. Em *Esaú e Jacó*, o narrador nos mostra o pai de forma curiosa. Descreve-lhe uma alegria maior do que a da mãe ao saber da concepção e faz um comentário ambíguo ao associar a gravidez com o nascimento de Isaac da coxa de Abraão. Essa citação refere-se mais imediatamente com a já mencionada espera de dez anos pela gestação, o que faria os pais "velhos", e com o estabelecimento da aliança entre Deus e Abraão. Mas evoca também o nascimento de Dionísio da coxa de Júpiter, assim como o nascimento de Minerva da cabeça de Júpiter, figuras mitológicas que caracterizam o pai numa disputa com a mãe pelo papel feminino e maternal na concepção e gestação, ou seja, fora de seu papel masculino, paterno. Posteriormente, o pai é descrito sempre muito ocupado, às voltas com a grande finança, ficando os gêmeos sob o influxo exclusivo da mãe. Na medida em que o pai não exerce a função paterna, Pedro e Paulo não conseguem romper a ligação com a mãe e, quando adultos, fracassam em estabelecer uma relação exogâmica. A relação dos dois com Flora é um tênue disfarce da fixação à mãe, a mesma mulher por quem ambos continuavam enamorados.

Esaú e Jacó poderia ser visto como uma ilustração da importância do desejo dos pais em relação ao psiquismo dos filhos. Ao criá-los como gêmeos, Machado reforça essa imagem, na medida em que a gemelaridade simboliza a divisão interna estrutural do ser humano, a percepção de seu duplo, do Inconsciente, e a compreensão de que esse Inconsciente é o desejo de um outro estranho com o qual mantemos essa relação especular narcísica.

Publicados em 1904 e 1908, respectivamente os anos da morte da mulher Carolina e de sua própria morte, Machado exibe em *Esaú e Jacó* e *Memorial de Aires* um distanciamento depressivo com o qual olha a vida já vivida, na qual não se pode "parar no d"; é impossível deter a corrente do tempo.

Pare no d. - Algumas idéias sobre *Esaú e Jacó* e *Memorial de Aires*

Embora a ausência de filhos seja um tema recorrente em *Memorial de Aires*, vamos encontrá-lo, de forma menos explícita, nos outros grandes livros de Machado. Quincas Borba, Rubião e Brás Cubas não procriaram, é conhecida a forma como se encerram as *Memórias Póstumas*: "Não tive filhos, não transmiti a nenhuma criatura o legado da nossa miséria"[45]. Bentinho, por sua vez, o único dos grandes personagens que tem filho, na verdade o rejeita, na medida em que pensa ser ele filho de Escobar, suposto amante de Capitu[*].

Estaria isso ligado aos sentimentos de Machado frente ao fato de nunca ter tido filhos? Seguramente teria sublimado o desejo da paternidade biológica com a criação de grandes obras literárias, mas o tom de desalento em sua obra final talvez indique a permanência da dor provocada pela ausência de filhos, causa de funda ferida narcísica como mostrou Freud no caso Schreber[46].

---

[*] Vide p. 185.

[45] Machado de Assis, *Memórias Póstumas, op. cit.*, p.173.

[46] Freud, Sigmund, *Notas Psicanalíticas sobre um relato autobiográfico de um caso de paranóia (dementia paanoides)*. Obras Completas, Volume XII. Rio de Janeiro, Imago Editora, 1969, p. 78.

Corpos nus

A fotografia, criada em meados do século XIX, teve extraordinária difusão no século seguinte, o recém passado século XX.

Seja como registro histórico, ampliando de forma até então inusitada a iconografia dos fatos e personagens de uma época; seja como expressão artística nova que forçou as artes plásticas (a pintura, principalmente) a procurarem novos paradigmas, o fato é que a fotografia mudou nossa maneira de ver o mundo e a nós mesmos.

É ela a mãe do cinema e da televisão, que fizeram com que toda a nossa cultura abandonasse uma tradição ancorada na escrita, passando a se deixar reger pela onipresença da imagem visual.

Entre as muitas imagens marcantes do século XX, estão, sem dúvida, aquelas ligadas à Shoah, ao Holocausto, aos campos de extermínio planejados e executados pelos nazistas na Europa sob a conflagração da Segunda Grande Guerra. Refiro-me especificamente àquelas fotos que mostram centenas de corpos mortos esqueléticos amontoados, jogados em valas comuns, sendo levados em carrinhos de mão ou simplesmente depositados em algum lugar.

Esses corpos – em seu mudo estupor – evidenciam a inequívoca pulsão de morte presente no ser humano, sua vontade de destruição, a realização racional e deliberada dessa vontade: os campos de extermínio seguiam o modelo de uma linha de montagem industrial, com um organizado esquema de produção.

Aqueles corpos esqueléticos amontoados uns sobre os outros jogam em nosso rosto a realidade terrível do comportamento bestial do homem, imagem da loucura dos totalitarismos decorrentes de ideologias – essas religiões leigas, tão mortíferas e letais quanto as místicas.

Mas também esses corpos nos afrontam com a realidade da nossa futura morte. Nessas fotos, a morte aparece despojada dos rituais com os quais a cultura tenta encobri-la – as práticas religiosas, o momento dramático em que ela acontece entre os familiares na privacidade de uma residência, ou num hospital, onde ela se dilui em meio aos procedimentos tecno-científicos da medicina.

De tudo isso, dos véus encobridores proporcionados pela cultura para ocultar a morte, os corpos amontoados dos campos de extermínio nazistas prescindem. Eles nos lembram que algum dia restará, em algum lugar, nossa carcaça, que outros logo tratarão de dela se desfazer.

Se evoco essa imagem dos corpos amontoados das vítimas dos nazistas alemães, imagem que se tornou um dos ícones de nosso tempo, é porque elas me vieram imediatamente à mente ao ver as fotos de Spencer Tunick tiradas no Parque do Ibirapuera. Como se sabe, ele já realizou experiências semelhantes em vários cidades do mundo, sempre juntando centenas de corpos humanos nus, na maioria das vezes aglomerados em sítios urbanos.

Se as fotos de Spencer Tunick lembram o totalitarismo e a morte, elas, paradoxalmente, apontam para a direção oposta.

Em primeiro lugar, ao contrário das imposições totalitárias, as fotos evocam a prática da liberdade e do respeito aos direitos civis preconizados pela democracia. Aqui estão fotógrafo e fotografados, cidadãos que fazem uso de seus direitos, exercitando a liberdade

Corpos nus 59

para a produção de uma obra de arte que segue exclusivamente a deliberação e a criatividade do artista, sem dever explicação alguma a censores de qualquer tipo do Estado. Em segundo lugar, são corpos vivos e não mortos. Se estão deitados e imóveis e amontoados é por aceitarem voluntariamente as indicações do artista. Suas posições decorrem de uma escolha livre de qualquer constrangimento além do próprio desejo de se oferecerem como matéria prima para a execução de uma obra de arte.

É, pois, uma mensagem de vida e liberdade.

Há uma outra razão para o impacto da visão desses corpos fotografados por Spencer Tunick.

Além dos corpos vitimados dos campos de extermínio, quando vemos fotografias de corpos humanos agrupados, habitualmente estão eles em estado de alerta ou em movimento. São multidões em manifestações de massa, divertindo-se em grandes espetáculos esportivos ou musicais, participando de cerimônias com líderes políticos ou religiosos.

Nas fotos de Spencer Tunick, não. Os corpos estão em paz. Deitados, imóveis, todos na mesma posição, dispostos segundo intenções estéticas. A visão destes corpos nos faz pensar que é possível a proximidade pacífica entre os homens. Esses corpos também fazem pensar que é possível a proximidade entre os homens sem que sejam eles dominados pelo desejo sexual, pelo erotismo. Sim, essas fotos são curiosamente despojadas de qualquer apelo erótico. Esses corpos, em sua máxima materialidade, apontam para a possibilidade da sublimação, do usar as pulsões básicas de amor e ódio direcionadas para a produção de algo que as transcende, uma evanescente e surpreendente obra de arte.

Os corpos de Spencer Tunick estão calmos, como se dormissem. Estão em paz. Estão nus, despidos de roupas, da convicções, credos, ideologias. São tocantes em sua vulnerabilidade física. Estão reduzidos à sua essência humana básica. Mantém a única diferença impossível de ser negada dentro de uma igualdade irreversível, aquele diferença que Freud chamou de "destino" – a diferença sexual.

Seria um enigma que nossos corpos, onde repousa nossa mais densa materialidade, possam representar nossa mais alta espiritualidade, a sublimação, a criação de arte? Se esse é um enigma, é um velho enigma. Basta lembrar a escultura grega, totalmente vinculada à representação do corpo humano e ao representá-lo, transcendê-lo, apontando para valores éticos, morais, estéticos.

A diferença entre uma obra de arte e o consumo massificado de informações ficou patente na exploração do evento feito por programas populares da televisão. Em busca do escândalo e da vulgaridade, repórteres constrangeram aqueles que acudiram ao chamado do artista, oferecendo seus corpos para a fotografia.

Algum dia será fechado o fosso entre o povo e a arte?

A esfinge ou Três momentos na vida de uma mulher – Munch

Munch no porta-jóias freudiano*

Sally Epstein é grande conhecedora da obra Edward Munch (1863-1944), o extraordinário pintor e gravurista norueguês, pai do expressionismo. É também proprietária do que talvez seja a maior coleção particular de obras do artista. Tão extenso é seu acervo que sempre é solicitado para exposições itinerantes em vários museus dos Estados Unidos e da Europa.

Em sua opinião, há quatro obras-primas entre as gravuras de Munch. São elas *A Esfinge ou Três momentos na vida de uma mulher*, *O grito*, *Luar* e *Alma mater*.

Examinaremos aqui apenas a primeira delas, ou seja, *A Esfinge*.

Epstein entende essa obra de Munch como a representação do ciclo vital das mulheres ou de aspectos diferentes de uma mesma mulher. Diz:

> A inocente menina à direita estaria imaginando um mundo ideal perdido ainda nas brumas do futuro, talvez temerosa do que a espera, o peso da vida adulta, da maturidade, da sexualidade. A figura

---

* Publicado em *O Estado de S. Paulo* – Suplemento Cultura – 01/10/88.

64   Visita às casas de Freud e outras viagens

dominante da litografia é a sensual mulher do centro, cujo abdome arredondado talvez indique gravidez. Tem os olhos semi-cerrados, talvez por prazer, por dor. Finalmente temos aquele que seria o último estágio de vida de uma mulher, representada na figura de negro, com faces encovadas, à esquerda no quadro. Seria a velhice, quem sabe a viuvez, a doença, a solidão. A mulher mal se distingue da escura floresta a suas costas, apenas uma tênue linha branca – quase imperceptível – impede que ela se funda completamente com o *background*, talvez representando o que lhe ocorrerá quando seu corpo retornar à terra depois da morte[47].

Epstein sugere que as três mulheres podem representar pessoas da vida de Munch – sua irmã Sophie, que morreu de tuberculose aos 15 anos; Tula Larsen, uma de suas mulheres; sua mãe, morta precocemente vitimada pela tuberculose, esgotada pela rápida sucessão de muitos partos. Ou ainda, sua amada tia solteirona que o criou juntamente com seus irmãos e o orientou para as artes.

Epstein julga ver à esquerda do quadro um impreciso esboço do que seria uma mandrágora, planta que Munch freqüentemente incluía em suas pinturas. A mandrágora, talvez pela forma de suas raízes, que se assemelham ao corpo humano, era cercada de superstições e medos na Idade Média. Pensava-se que ela gritava ao ser arrancada do solo à noite e que teria propriedades afrodisíacas. "Talvez represente o mistério e o poder das mulheres para Munch", diz ela.

A gravura – a meu ver – comporta outra interpretação. Na verdade, mais que isso, ilustra perfeitamente *O Tema dos Três Escrínios*[48].

Nesse, Freud, partindo de duas peças de Shakespeare, chega a surpreendentes conclusões.

Em *O Mercador de Veneza*, Portia tem vários pretendentes que devem escolher entre três porta-jóias, respectivamente de ouro, prata

---

[47] *Connoiseur* June 86 Conde Nast, New York.

[48] Freud, S. *O tema dos três escrínios* vol. XII Standard Edition. Rio de Janeiro: Imago Editora, 1969.

Munch no porta-jóias freudiano **65**

e chumbo. Num deles está seu retrato. Bessanio, que escolhe o terceiro, de chumbo, é o vencedor.

O tema teria sido recolhido por Shakespeare na *Gesta Romanorum*, uma compilação medieval de histórias de autores desconhecidos. Uma delas conta que uma moça tem que fazer escolha semelhante para conquistar o filho do imperador. Aí também o chumbo é o portador da sorte.

Em *O Mercador de Veneza* há uma troca sutil. Dessa vez, quem deve escolher entre três porta-jóias é um homem. Ora, desde o famoso *caso Dora* e mesmo antes, Freud já descobrira, ao analisar os sonhos, que *porta-jóias, caixas, cestos*, são símbolos sexuais femininos que representam a mulher. Assim traduzido, o tema seria a escolha de uma entre três mulheres, feita por um homem.

O mesmo tema de escolha entre três mulheres é visto em *Rei Lear* – ele deve escolher entre as três filhas aquela que mais o ama, aquinhoando-a com uma herança maior. Também aí a terceira, Cordélia, é a escolhida, apesar de permanecer muda.

Situações semelhantes aparecem em vários mitos e contos de fadas. O pastor Paris, por exemplo, precisa escolher entre três deusas e a terceira é a vencedora. Cinderela é a preferida entre três irmãs. Psique – na versão de Apuleio, é a mais jovem de três irmãs.

Assim, se ficarmos apenas com Cordélia, Cinderela, Afrodite e Psiquê, notam-se, sempre, três irmãs e a terceira, sem exceção, é a escolhida.

Freud observa nessas mulheres, além da beleza, algo em comum. Seria o silêncio, a mudez, a falta de eloqüência. Cordélia, "irreconhecível, inconspícua como o chumbo, ama e cala". Cinderela se esconde para não ser encontrada. Talvez se possa traduzir "ocultamento" como mudez. Bassânio, ao escolher o porta-jóias de chumbo, diz: "Tua palidez comove-me muito mais que a eloqüência". Afrodite, no libreto de Offenbach, "não diz nada".

Usando, como sempre, dados obtidos na clínica, Freud revela que a mudez nos sonhos é um símbolo comum da morte. Cita ainda dois contos de fada de Grimm (*Os doze irmãos* e *Os sete cisnes*) em que também claramente a mudez da princesa representa a morte, com a qual salvaria os irmãos.

Conclui Freud que a escolha da terceira mulher, na verdade, revela a escolha de uma morta, ou melhor, da própria Morte. Fica clara então a ligação entre os três porta-jóias, as três mulheres, as três irmãs, com os mitos das Parcas, das Horas, das Nornas – as regentes do destino humano, aquelas que o conduzem até o inelutável fim, a morte.

Freud chega então a uma aparente contradição. Como explicar os relatos nos quais a escolhida – uma mulher linda e adorável – seja, pelo contrário, a representante do encontro terrorífico com a morte, encontro *não escolhido,* mas *imposto,* e ao qual todo homem tem que se submeter?

Mas é exatamente isso que Freud quer provar, num bom exemplo das inversões ocorridas entre os conteúdos inconscientes e os conscientes no psiquismo. O conteúdo manifesto (consciente): escolha de uma linda mulher – esconde o conteúdo latente (inconsciente): a não escolha, o ter que se curvar frente a uma imposição irrevogável e terrorífica, a morte. Seria essa uma tentativa do homem de contornar o problema da morte, transformando-a à luz de seu desejo.

Freud termina o texto dizendo:

> Poderíamos argumentar que o que – se acha representado aqui são as três inevitáveis relações que um homem tem com uma mulher – a mulher que o trouxe à luz, a mulher que é sua companheira e a mulher que o destrói, ou – que elas são as três formas assumidas pela figura de mãe no decorrer da vida de um homem – a própria mãe, a amada que é escolhida segundo o modelo daquela e, por fim, a Terra-Mãe, que mais uma vez o recebe.

Parece-me, portanto, que *A Esfinge* ou *A mulher em três estágios* ilustra muito bem essa escolha paradoxal. E Munch, ao nomear sua obra, deu indícios de que a intuía.

Munch no porta-jóias freudiano

Entendemos então que a severa figura de negro à esquerda, toda vestida, apenas com o rosto descoberto é a mãe, Uma mãe jovem, longe da idéia de uma velha, que seria a opinião de Epstein. A fina linha branca que a discrimina do escuro *"background"* deixa claro o porte e a postura de uma mulher forte e jovem. Seria a mãe severa e proibida sexualmente, interdito objeto amoroso para o filho. Em flagrante contraste, aparece a exuberante sensualidade da mulher amante, com os olhos velados pelo prazer, pelo gozo. Apesar do contraste entre as duas figuras, inclusive no plano formal, do jogo de claros e escuros, elas formam certa unidade, em contraponto com a terceira. Claramente, as duas primeiras são figuras fortes, pesadas, tridimensionais, de carne e osso, com os pés no chão, olham diretamente para frente, encarando quem as vê, estão no mesmo nível, equiparadas, iguais de certa forma. Tudo é diferente em relação à terceira figura – incorpórea, etérea, diáfana, de traços indistintos, parece pairar acima do solo, mais parece uma alma penada. Não encara a mesma direção que as outras. Olha perdidamente para outra dimensão, para além do mar, da água, da estrada que passa por perto e segue para o infinito. É a Morte.

Talvez seja esse o enigma da Esfinge, o "mistério e o poder das mulheres", como diz Epstein. Minha interpretação não está muito distante da de Epstein, apenas organiza e hierarquiza os elementos de outra maneira.

É interessante lembrar o que Max Schur[49] diz das motivações para Freud escrever este trabalho, que trata tão diretamente do medo da morte nos homens. Na ocasião em que o escreveu, Freud estava sob o impacto da notícia de um câncer em seu jovem amigo Binswanger (que ainda viveria uns cinqüenta anos após tal notícia!) e preocupava-se com a velha mãe doente de setenta e sete anos. Freud vivia ainda intensamente um conflito semelhante ao de Rei Lear – escolhera Jung como seu herdeiro intelectual, o "delfim da psicanálise", e com ele estava em franco litígio.

---

[49] Schur, M. Freud, *Vida e Agonia*. Rio de Janeiro: Imago Editora, 1981.

O que está em jogo no esporte?*

Eros e Tânatos, as duas grandes forças ou pulsões que comandam nossas vidas, manifestam-se como Amor e Ódio, com suas ricas potencialidades construtivas e destrutivas.

Os processos de crescimento, desenvolvimento e amadurecimento – em que pese o viés biologizante implícito nesta formulação – consistem no progressivo domínio dessas duas forças; em saber lidar com elas tanto interna como externamente; na capacidade de manipulá-las dentro de referenciais realísticos, já distantes daqueles regidos pelo desejo e pelas fantasias infantis, que, não obstante, estão indelevelmente registrados no inconsciente e permanentemente passíveis de inoportuna e extemporânea atualização.

Na verdade, esse é um trabalho de Sísifo, sempre recomeçado, pois as formas infantis de funcionamento mental sempre estarão presentes e sempre se oporão à forma adulta e racional.

A Cultura e a Civilização se fundam na regulamentação e legislação dessas pulsões. Para tanto, usam dos mecanismos de repressão e

---

* Publicado no *Jornal de Tarde* – "Caderno de Esportes" – 11/08/96.

sublimação. A Lei diz: não podemos satisfazer diretamente os desejos sexuais e agressivos, pois eles colidem com os mesmos desejos presentes em nossos semelhantes. Caso se procurassem concretizar todos esses desejos, se instalaria um conflito incessante entre os homens, inviabilizando qualquer possibilidade de vida em comum.

Estas forças têm de encontrar formas de expressão socialmente aceitáveis. Idealmente, apenas uma parcela das pulsões sexuais e agressivas mantém sua possibilidade original de descarga. Todo o restante deve se transformar em amor dessexualizado, em amizade, em companheirismo; deve ser usado para organizar um trabalho produtivo, criando instrumental técnico adequado às necessidades práticas cotidianas e bens artístico-culturais.

Nesse sentido, os esportes têm a importante função de canalizar a agressividade, proporcionando-lhe uma expressão sublimada, regulamentada e controlada.

Os jogadores expressam diretamente a agressão estilizada e sublimada nos jogos. Os expectadores, através do mecanismo de identificação com os jogadores, também descarregam suas pulsões agressivas na disputa esportiva.

O processo que leva da simples agressão à sua manifestação sublimada pode reverter, voltando a permitir o extravasamento da pura agressão, como freqüentemente se vê no correr de muitos jogos. O mesmo pode ser observado na massa de expectadores, que facilmente abandona a identificação com os jogadores e sua manifestação sublimada, partindo para a descarga direta da agressividade, depredando bens públicos e privados, agredindo todo aquele que ousar tentar reprimir-lhe os atos de vandalismo, fenômeno que tem nos *hooligans* sua manifestação mais cabal e indiscutível.

Os processos de identificação mobilizados pelos esportes não se restringem à expressão da agressividade.

As equipes esportivas, na maioria das vezes, representam agremiações, clubes, lugares, grupos humanos os mais variados.

Aqueles que são representados pela equipe esportiva estão fortemente identificados com ela. Assim, as rivalidades entre comunidades, estados, etnias são representadas e simbolizadas nas disputas entre as equipes esportivas. Mais uma vez, a sublimação proporcionada pelo esporte, pelos jogos, permite uma vazão, na maioria das vezes pacífica, de pulsões hostis muito intensas.

Vê-se na TV a imensa capacidade de mobilização afetiva desencadeada por um acontecimento como a Copa do Mundo. Sentimentos nacionalistas e patrióticos mantidos em silêncio na maior parte do tempo, emergem com força, fazendo com que a identificação da equipe esportiva com o que ela representa passe a ter – nos momentos mais intensos – uma concretude quase palpável: é a própria nação, é a própria pátria que está ali jogando no campo.

Em nossas sociedades industrializadas, os jogos fazem parte da indústria de entretenimento que os apresenta em grandes espetáculos para multidões. Que o grande capital manipule essa forte mobilização afetiva de massa para a produção de mais riqueza da qual se apossa, excluindo aqueles que a produziram, é mais um impasse da economia capitalista.

O desejo em Santa Teresa d'Ávila e em Freud

"Há mais lágrimas derramadas pelas preces atendidas do que pelas que foram feitas em vão"[50]. O que teria levado Santa Teresa d'Ávila, a grande mística de século XVII, a afirmar tal coisa? Vinda de quem vem, a afirmação parece desconcertante, estranha, até mesmo blasfema. Esperaríamos de Santa Teresa d'Ávila algo oposto: uma jubilosa afirmação de gratidão e agradecimento, dado que ter as preces atendidas deveria ser duplamente gratificante: não só satisfaria algum desejo especifico e circunstancial, como também – e muito mais importante –, o atendimento em si evidenciaria o amor do criador diretamente dirigido à pessoa do pedinte, sendo esta – por definição – a felicidade suprema a ser vivida pelo religioso, esse momento glorioso de comunhão com o Criador.

De onde teria Santa Teresa d'Ávila tirado os tons desconsolados e melancólicos com os quais reveste sua assertiva? É indiscutível,

---

* Publicado no Jornal *Folha de S. Paulo* – "Folhetim" – 22/10/88.

[50] citado por Truman Capote. no prefácio do livro *Música para Camaleões*. Rio de Janeiro: Ed. Nova Fronteira, 1981 p. 13.

entretanto, sua profunda intuição do psiquismo humano, sendo passível de fundamentação psicanalítica.

A idéia central de Santa Teresa d'Ávila indica que a realização de desejos ("ter as preces atendidas") tem um efeito paradoxal, provoca lágrimas e não a esperada felicidade.

A respeito de realizações de desejos, Freud diz:

> (...) um segundo fator, muito mais importante e de maior alcance, mas que é igualmente desprezado pelos leigos é o seguinte: não há dúvida de que a realização de desejos deva trazer prazer – mas surge então a questão – "Para quem?". Para a pessoa que tem o desejo, naturalmente. Mas, como sabemos, a relação do que sonha com seus desejos é muito peculiar. Ele os repudia e censura – em resumo – não tem apreço por eles – de maneira que a sua realização não lhe trará prazer, mas exatamente o oposto, e a experiência nos mostra que este oposto aparece sob a forma de ansiedade, fato que ainda tem que ser explicado. Desse modo o que sonha em relação a seus desejos oníricos só pode ser comparado a um amálgama de duas pessoas separadas que se acham ligadas por algum importante elemento comum. Em vez de estender-me sobre isso, lembrar-lhes-ei um conto de fada familiar em que encontrarão repetida a mesma situação. Uma fada boa prometeu a um pobre casal garantir-lhes a realização de seus três primeiros desejos. Eles ficaram deliciados com isso e se dispuseram a escolher cuidadosamente os três desejos. Entretanto, um cheiro de lingüiça que estava sendo fritada na cabana vizinha tentou a mulher a desejar algumas. Num instante elas estavam ali – e essa foi a primeira realização de desejos. O homem, porém, ficou furioso e em sua fúria desejou que as lingüiças fossem dependuradas no nariz da mulher. Isso aconteceu também e as lingüiças não puderam ser deslocadas de sua nova posição. Foi a segunda realização de desejo, mas o desejo fora do homem e sua realização foi muito desagradável para a esposa. Vocês já conhecem o resto da historia. Uma vez que – afinal de contas – eles eram realmente um só – marido e mulher – o terceiro desejo teve de ser que

O desejo em Santa Teresa D'Ávila e em Freud

as lingüiças se despregassem do nariz da mulher. Esse conto de fadas poderia ser empregado em muitas outras conexões. Mas aqui serve apenas para ilustrar a possibilidade de que se duas pessoas não se encontram unidas uma a outra, a realização do desejo de uma delas não pode acarretar senão o desprazer para a outra"[51].

Freud mostra que o casal representa o sujeito dividido entre Inconsciente e Consciência. Como o desejo de uma parte não é aceito pela outra, o que traz prazer para uma, traz desprazer (angústia, sofrimento) para a outra. Deve-se notar, no exemplo de Freud, essa peculiar contradição: o desejo não pode ser satisfeito, pois o casal (representando o sujeito) desperdiça a oportunidade oferecida pela fada, uma vez que os dois pedem coisas incompatíveis, que se anulam, o que os deixa sem nada, como no início.

Sendo assim, que desejam, de fato, as pessoas? Ficariam efetivamente satisfeitas se conseguissem realizar seus desejos? De que se queixam? Qual é o motivo de suas lamentações? De situações objetivas, reais, atuais? De situações imaginárias? Qual é a realidade em jogo no desejo?

Freud estabeleceu uma importante discriminação entre realidade *externa* e realidade *interna* (psíquica) a partir de sua chamada "teoria da sedução". No início de seu trabalho ao ouvir suas pacientes relatarem ataques sexuais perpetrados por figuras parentais das quais teriam sido vítimas, Freud deu-lhes crédito, considerando tais ataques como eventos traumáticos ocorridos efetivamente na realidade. Freud dava, nessa época, ênfase total à realidade externa enquanto desencadeante da problemática psíquica, até descobrir que estava enganado. Tais relatos passaram a ser compreendidos como *realidade psíquica*, fantasias de realização de desejos do paciente relacionados com o complexo de Édipo. Com isso, Freud passa a ter um interesse menor pela realidade externa enquanto geradora de

---

[51] Freud. S. *A Interpretação dos Sonhos*. Standard Edition. Rio de Janeiro: Imago Editora, 1972 – p. 619.

76 Visita às casas de Freud e outras viagens

eventos significativos (traumas) capazes de justificar a sintomatologia dos pacientes e a atribuir uma importância muito maior ao mundo interno, à fantasia decorrente do movimento pulsional como o fator decisivo do acontecer psíquico. Na verdade, o problema é mais complexo e mereceria maiores considerações, que não cabem no momento. Apenas direi que Laplanche elabora uma "teoria da sedução generalizada"[52], onde dá o peso certo – em minha opinião – a essas duas vertentes inseparáveis do acontecer psíquico – a realidade e a fantasia. Leclaire mostra de que maneira a realidade do inconsciente dos pais, que a criança vai introjetar, é de absoluta prioridade[53] em sua constituição. Em linhas gerais, é possível dizer, que a realidade focalizada pelo analista é a do passado do paciente, a maneira como ele a introjetou fantasiando-a, realidade imaginária à qual o paciente está fixado e procura a todo custo restaurar, recusando-se a ver o presente. Mesmo os grandes traumas, os grandes acontecimentos da realidade imediata externa vão ser absorvidos e elaborados dentro de um substrato, de uma estrutura já estabelecida.

Essa dicotomia entre realidade e fantasia, a importância de cada uma delas como geradora de prazeres e frustrações, poderia ser exemplificada com uma situação macroscópica, social – as diferenças de classe e suas decorrências diretas. A discrepância entre ricos e pobres se impõe de imediato e facilmente pensaríamos que os pobres têm tudo para serem infelizes e vice-versa – os ricos tudo para serem felizes. Uns nada têm e são forçados a conviver com a miséria, a humilhação, a degradação. Os outros têm todas as facilidades, têm tudo para serem felizes.

Mas, logo se constata que os ricos "também sofrem", fato tantas vezes explorado em dramalhões, folhetins e novelas populares. A recorrência deste tema não é gratuita. No imaginário das massas que vivem sob o peso de enormes necessidades, presas à luta

---

[52] Laplanche, Jean *Teoria da Sedução Generalizada e outros ensaios*. Porto Alegre: Artes Médicas, 1988, p.108-125.
[53] Leclaire, Serge *Mata-se uma criança*. Rio de Janeiro: Zahar Editores, 1917, p. 18-23.

O desejo em Santa Teresa D'Ávila e em Freud 77

incessante pela sobrevivência diária, os ricos – por terem tudo que elas não têm – são idealizados como os detentores da felicidade, da satisfação, do prazer. A constatação de que tal idéia não é inteiramente verdadeira – os ricos têm tudo sim, mas não estão satisfeitos, não são felizes – é um paradoxo desconcertante, que surpreende e remete a questão para outros campos.

A constatação de que os ricos "também sofrem" explicita a surpresa diante do fato de o sofrimento vir de um outro lugar, assim como força a discriminação entre dois tipos de sofrimento – aquele causado pela realidade externa imediata, tão bem representado pela pobreza, com todas suas impossibilidades, frustrações, privações, e um outro sofrimento, para o qual tais explicações já não mais são suficientes. Essa discriminação muitas vezes é difícil de ser feita por aqueles submetidos à pobreza, situação na qual estão misturados e fundidos estes dois tipos de sofrimento. Como um deles é tão gritante, facilmente se tomaria a parte pelo todo.

Evidentemente, a constatação de que os ricos "também sofrem" não deve levar à conclusão de que os pobres nada devem fazer para sair de sua miséria, dado que, ao sair dela, apenas se defrontariam com um outro tipo de penúria.

Falei de literatura popular que explora o tema "os ricos também sofrem", para espanto e prazer dos desvalidos. Mas não só. Scott Fitzgerald, ao afirmar que "os ricos são diferentes", aponta para essa mesma questão – eles são diferentes por sofrerem apesar de estarem a salvo das necessidades e privações materiais. Truman Capote (que usou a frase de Santa Teresa d'Ávila como epígrafe do livro que deixou inacabado e cujo nome dela também retirou – *Answered Prayers*), em seu conto "Pequenos Ataúdes", mostra seus personagens – pessoas poderosas, ricas, todas além de qualquer imposição da luta pela sobrevivência – tomados por violentos sentimentos que desconhecem e não dominam e que, varridos por paixões furiosas, traçam um périplo assombroso com seus destinos.

Truman Capote, Shakespeare e tantos outros escritores e dramaturgos, sabiam que aqueles personagens ricos e poderosos, que tiveram suas "preces atendidas", na posse de todos os bens materiais possíveis, permaneciam infelizes e insatisfeitos, em busca de algo que, mesmo assim, lhes faltava. Continuavam a desejar e, na procura da satisfação de seus desejos, executavam os mais tresloucados gestos, agiam da forma mais destrutiva ou se expunham a graves riscos, condenados a obedecer os ditames de uma louca sanha ignota, incontrolável, desconhecida.

Essa é uma experiência comum para o psicanalista em seu consultório. É aí que ele pode ver o homem se defrontar com desejos dos quais não tem conhecimento, seus desejos inconscientes ancorados para todo o sempre na infância, no passado, este estranho passado presentificado ininterruptamente nas atuações do paciente, permanentemente ressignificado e que faz com que, sem se aperceber, o paciente chegue a plasmar inteiramente a realidade atual e o presente, para voltar a revivê-lo, a reencená-lo. É aí que o psicanalista pode ajudar o analisando, impedindo-o de se deixar levar pelo arcaico, pelo extemporâneo, pelo louco, proporcionando-lhe um saber sobre seu inconsciente, dando-lhe armas para melhor lutar e lidar com ele.

Agora podemos retomar à frase de Santa Teresa d'Ávila, "há mais lágrimas derramadas pelas preces atendidas que por aquelas feitas em vão", e tentar entendê-la, traduzindo-a à luz do saber psicanalítico. Santa Teresa, como já sugerimos, descobriu que os homens não sabem o que querem e pedem. Refere-se à marcante experiência daquele que, ao ter seus desejos realizados, defronta-se — entre assustado e perplexo — não com a satisfação e sim com uma incômoda sensação de insatisfação. Ao ser obtido, aquilo que antes fora ardentemente desejado parece perder o valor que se lhe atribuía e o desejo se desloca para um outro objeto, ainda não possuído. O sujeito tem uma vivência de estranheza, pois vislumbra seu desconhecimento de si mesmo, de seus próprios desejos. Por alguns momentos pode ter um intuição da divisão interna, da descontinuidade de seu psiquismo, da onipresença do Inconsciente, em permanente discórdia e desarmonia com a Consciência.

O desejo em Santa Teresa D'Ávila e em Freud 79

Dentro do próprio referencial religioso, talvez possamos entender a frase de Santa Teresa d'Ávila como a descoberta do ilusório que é qualquer prazer que não seja o da união, da comunhão com Deus, experiência mística por excelência. Sendo assim, o atendimento de qualquer prece decepciona e não satisfaz, pois o que a alma efetivamente deseja não é meramente aquilo que pediu e sim – e, muitas vezes, sem o saber – esse retorno a Deus, essa comunhão com Deus, esta fusão com o Criador. Desta forma, a realização de qualquer pedido, de qualquer desejo que não seja o desta fusão, redunda imediatamente no fracasso, na desilusão, na infelicidade.

A experiência do gozo místico - fundamento da assertiva de Santa Teresa d'Ávila – aproxima-se notavelmente da concepção psicanalítica do gozo, do princípio de Nirvana, da pulsão de morte, essa descarga absoluta de tensões, cujo modelo é a vida intra-uterina, a fusão com a mãe, a Coisa[54], a Criadora.

Poderíamos dar então uma última tradução à frase de Santa Teresa: quão desconcertante é ser atendido nas preces e constatar-se insatisfeito e infeliz, pois isso não fez mais do que colocar em evidência a estranheza do desejo humano. Freud dizia que é o desejo o que coloca automaticamente em movimento nosso aparelho psíquico[55] e, em última instância, almeja o impossível, o gozo absoluto, a inatingível fusão regressiva com o outro, com a mãe, essa mistura de realização inebriante, recuperação da plenitude inicial quando não havia necessidades e desejos, a vida fluía completa no resplendor escuro do útero materno, na complementação especular, no ser o desejo do outro.

Momentos de gozo, fronteira da vida e da morte, essa fusão total tão desejada jamais será recuperada por ser absolutamente incompatível com a própria existência do sujeito enquanto tal.

---

[54] Lacan, Jacques "Seminário Ética da Psicanálise", citado por Alain Juranville em *Lacan e a Filosofia*. Rio de Janeiro: Jorge Zahar Editor, 1981, p. 188-193.

[55] Freud, S. *A Interpretação dos Sonhos*. Standard Edition. Rio de Janeiro: Imago Editora, 1912, p. 636.

Espelho, espelhos*

Depois de atravessar as inúmeras salas e aposentos de Versailles, repletos das mais magníficas obras de arte, os mais finos móveis, quadros e esculturas, um desavisado visitante talvez se espante ao chegar à Galeria dos Espelhos. Seu olhar moderno queda perplexo, comparando o esplendor das salas anteriores com essa, pois a comparação a deixa – na opinião daquele visitante – em franca desvantagem. A Galeria lhe parece despropositada, à beira do mau gosto, do *kitsch*.

Ignora o desavisado visitante que na época em que ali foram colocados, os espelhos valiam mais que qualquer obra de arte e somente um rei da estatura de Luís XIV poderia dar-se àquele luxo em seu palácio. Ignora ainda que muito da própria fama de Versailles – essa expressão máxima da monarquia absolutista – é devedora da abundância com que os espelhos foram ali usados, moda então lançada e imediatamente copiada pelas outras cortes européias.

O espelho, atualmente acessível a qualquer bolso, foi, durante séculos, privilégio dos muito ricos, da aristocracia. Remotamente sob

---

* Publicado no Jornal *Folha de S. Paulo* – Folhetim – 11/03/89.

82   **Visita às casas de Freud e outras viagens**

a forma de discos de metal polido, é somente a partir do século I que aparece a técnica do vidro com aplicação de uma fina camada de prata, técnica firmada inteiramente na Idade Média. O segredo de sua fabricação era guardado a sete chaves e nos séculos XII e XIII Veneza e Nuremberg eram seus mais famosos centros de produção[56].

Muito equivocado seria, entretanto, concluir que a produção industrial em larga escala tenha banalizado o espelho e o relegado a um posto humilde de apenas mais um objeto do uso cotidiano. Se, de fato, como elemento de decoração perdeu o prestígio exclusivista ostentado em Versailles, ele continua sendo usado, dentro das oscilações da moda, em maior ou menor intensidade, nos espaços sociais públicos e privados. Mais ainda: podemos até dizer que sua acessibilidade só fez aumentar sua importância. O espelho invadiu todas as casas e instalou-se nos locais onde o homem mais preza sua privacidade – seus dormitórios, seus banheiros.

Digamos assim: antes só presente nos grandes palcos do acontecer social (por exemplo, a Galeria de Versailles), o espelho adentrou os camarins, onde os atores se preparam para entrar em cena nos atos públicos. Protegidos nos recessos de sua intimidade, os homens não só se olham no espelho, mascarando-se para os encontros sociais, mas também, e principalmente, se olham – entre abismados, temerosos e perplexos –, para se verem além da máscara, para se reconhecerem, para se descobrirem e se entenderem.

Os antigos chineses achavam que o espelho era de grande ajuda no processo de auto-conhecimento e acredito que o fascínio pelo espelho seja corolário, metáfora, expressão imaginária, realização em ato, da procura de si mesmo, coisa que o homem faz desde os primórdios da cultura. O homem teve sempre a percepção correta do desconhecimento de si mesmo. É por esse motivo que todos os caminhos para a sabedoria passam sob o pórtico do templo de Diana em Éfeso, onde havia a conhecida inscrição – "conhece-te a ti mesmo e conhecerás os homens e os deuses".

---

[56] *Encyclopaedia Britannica*, verbete *"mirror"*.

Espelho, espelhos　　　　　　　　　　　　　　　　　　　　**8 3**

De certa forma, a arte, a religião, os sistemas filosóficos tentam cobrir a inquietação do homem frente a esse desconhecimento esta desconcertante percepção de que se é um outro, a percepção da divisão interna. Tentam apreender a motivação dos atos, entender como o homem constrói e organiza sua vida, como dissipa o curto tempo que lhe é dado viver. Tentam ajudá-lo, propondo soluções e lenimento para seus sofrimentos.

A estas sondas que o homem tem usado para se ver e compreender – arte, religião, filosofia e, metaforicamente, o espelho – Freud acrescenta aquela que vem a ser a maior delas, a psicanálise.

Com ela Freud desvenda o mistério que nenhuma das outras tinha resolvido a contento – a descoberta do Inconsciente, descoberta que impõe uma grande revolução em todo o pensamento centrado na Consciência, no *cogito* cartesiano. Depois de Freud, não mais se pode dizer *penso, logo existo* e sim *existo onde não me penso*, como recoloca Lacan.

Freud descobre – mais ainda – que o espelho no qual o homem vai se ver é sua própria fala, a linguagem. É falando que o homem se vê. É sendo escutado em suas associações livres, em sua fala solta, que ele se deixa ver. O que vai aparecendo na sua fala é o outro lado da Lua, o desejo inconsciente, buscando incessantemente uma satisfação total e impossível.

O que é e como se constitui este núcleo central do psiquismo que, apesar de sua fundamental importância, é desconhecido pelo próprio ser que o suporta?

Lacan fala de uma "fase do espelho", na qual a criança se constitui no campo do Outro, olhando-se no espelho que é o Outro, nesse espelho que é a mãe[57]. É assim, recebendo a imagem vinda de sua mãe, que a criança junta seu corpo fragmentado numa certa unidade imaginária. É assim que a criança se constitui – dentro do desejo, do

---

[57] Lacan, J. "El Estadio del Espejo como formador de la función del Yo tal como se nos revela en la experiência psicoanalitica" – in *Escritos* – México, Ed. Siglo XXI, 1981.

84 **Visita às casas de Freud e outras viagens**

olhar da mãe. A criança deseja que a mãe a deseje e, para tanto, vai desejar o que a mãe deseja para se tornar desejável por ela.

A criança se olha no espelho-mãe, depois no pai e, depois ainda, em todos os seus substitutos e este é um espelho lingüístico – é o que os pais, é o que os outros falam, é este discurso que vai constituir o sujeito, seu inconsciente é o discurso do Outro, que veicula o desejo do Outro.

A criança se constitui, pois, à imagem e semelhança dos pais, organiza-se em função do desejo deles, integrando-os, assimilando-os, transformando-se neles, assumindo os desejos deles, para ser por eles desejada e assim poder subsistir.

E, fazendo isso, aliena-se totalmente no desejo do Outro. Mas é assim e somente assim que se constitui como ser humano.

Vê-se a dimensão trágica que isso implica, pois o homem estruturalmente se aliena no Outro, se perde no Outro, desaparece no Outro para se constituir e não pode se recusar a isso.

Lacan descreve esse momento radical ao falar do dilema "a bolsa ou a vida" ou "a liberdade ou a vida" como metáforas da perda, da "afânise", da armadilha na qual o sujeito está metido sem possibilidade de saída e que, no entanto, é o que o constitui[58]. Laplanche retoma o mesmo problema ao falar dos *significantes enigmáticos* ou *metáboles,* elementos constitutivos do núcleo do inconsciente de cada sujeito e que, de certo modo, corresponderia à pergunta básica que cada um de nós tem que responder: "que desejam eles – pai e mãe, os outros – de mim, para que eu os atenda, fazendo com que eles me desejem e assim garanta minha sobrevivência?"[59].

O analista é o espelho para o analisando, o analisando está ali para se ver. E nesse desejo de se ver, ele reproduz aquele movimento básico – "desejo o que você deseja, para assim você me desejar". Dessa forma, o analista mostra ao analisando que em função dessa

---

[58] Lacan, J. O Seminário Livro 11. *Os Quatro Conceitos Fundamentais da Psicanálise.* Rio de Janeiro: Zahar Editores, 1979.

[59] Laplanche, J. *Teoria da Sedução Generalizada e outros ensaios.* Porto Alegre: Artes Médicas.

Espelho, espelhos 85

busca, ele se alienou, perdeu-se; equivocou-se. Mostra como ele é ocupado por um Outro, sem que ele mesmo o saiba e que ele reage a esta ocupação de várias formas, das maneiras mais estranhas, curiosas, dramáticas, fatais até e que é nisso que consiste seu sofrimento.

A análise é o desvendar destes desejos, esse processo gradativo no qual o analisando deixa de ser o Outro e reencontra seu próprio desejo.

Assim, a análise – para o analisando – é o contrário da fase do espelho, da relação especular, dual narcísica com a mãe. É um desvendamento deste próprio movimento estruturante básico – a alienação no Outro, o desejo do Outro como fundante, prosseguindo até encontrar o desejo próprio e, a partir daí, a possibilidade de ser e crescer.

Neste espelho analítico entra, é claro, o desejo do analista, mas este é radicalmente diferente do desejo da mãe na fase do espelho. Em nível consciente, o desejo do analista é analisar, interpretar, mostrar ao analisando esta dimensão por ele desconhecida e que o constitui. Para tanto – como se sabe – é imprescindível que o analista já tenha dado conta dos trajetos de seus próprios desejos numa análise pessoal, a qual o autoriza a agir como suporte para a descoberta do analisando,

O tema do espelho tem sido muito explorado em mitos, lendas, contos de fada, literatura. Borges é o nome que imediatamente se associa ao assunto. Vou ater-me aqui apenas a um extraordinário conto de Guimarães Rosa, chamado "O Espelho"[60], que ilustra à perfeição esse breve esboço que fiz, e, mais uma vez, confirma o dito freudiano de que os grandes escritores são mestres para quem a alma e o inconsciente não têm segredos.

Claro está que o leitor não encontrará aqui o insubstituível prazer de ler Rosa e que, ao descrever condensadamente o conto, como terei de fazer, estragar-se-á para o futuro leitor a surpresa que o mesmo encerra.

---

[60] Rosa, J. G. *Primeiras Estórias*. Rio de Janeiro: Livraria José Olympio Editora, 1962.

86 Visita às casas de Freud e outras viagens

O conto se estrutura como uma respeitosa carta para alguém que o narrador considera um sábio, a quem descreve suas experiências, dúvidas, angústias e solicita luzes para entendê-las.

Após falar que sempre se interessou por espelhos, constando que os há "bons" e "maus" e especular sobre a fidedignidade da imagem que eles refletem, o narrador entra no assunto, no cerne de seus problemas. Uma vez distraidamente entrou num lavatório e viu a imagem de alguém extremamente "repugnante, repulsivo e hediondo": "Deu-me náusea, aquele homem, causava-me ódio e susto, eriçamento, espavor". Na verdade, dois espelhos tinham feito um ângulo, daí a descoberta: "E era, logo descobri... era eu, mesmo! O senhor acha que algum dia ia esquecer essa revelação?".

A partir daí, da constatação desse outro eu, de que existe um Outro, começou a busca: "Desde aí comecei a procurar-me – ao eu por detrás de mim – à tona dos espelhos, em sua lisa, funda lâmina, em seu lume frio", transformou-se no "caçador de meu próprio aspecto formal".

Para tanto, estabeleceu inúmeras práticas de se olhar no espelho, com luzes cambiantes, olhares de esguelha, relances, surpresas, em momentos de variado humor.

É quanto constata que "os olhos da gente não têm fim... Só eles paravam imóveis no centro do segredo... porque o rosto, o rosto mudava permanentemente... o rosto é apenas um movimento deceptivo, constante".

Localizadas "as diversas componentes no disfarce do rosto externo", começa a treinar-se para "bloqueios visuais", "anulamentos perceptivos, a suspensão de uma por uma, desde as mais rudimentares, grosseiras ou de inferior significado".

Começa por tentar apagar traços animais, dado que "parecer-se cada um de nós com determinado bicho, relembrar seu fácies, é fato". No seu caso, o "sósia inferior" na escala das espécies era a onça. Tratou então de meticulosamente dissociar tais traços de seu rosto, de não vê-los no espelho.

Pouco a pouco, a figura ao espelho se reproduzia lacunarmente. O narrador passa então adiante e começa a retirar o que chama de "traços

Espelho, espelhos

87

hereditários": "parecença com os pais, avós, que são também nos nossos rostos, um lastro evolutivo residual". Também retira "o que se deveria ao contágio das paixões, manifestados ou latentes, o que ressaltava das desordenadas pressões psicológicas transitórias". E ainda "o que, em nossa cara, materializa idéias e sugestões de outrem".

Prosseguindo sua experiência, abstraindo mais e mais traços de seu rosto, "o esquema perspectivo clivava-se em forma meândrica". Sua imagem se esfacelava, quebrava-se, desfazia-se. A experiência passa a ser insuportável, provoca-lhe "dores de cabeça", o que o faz evitar deliberadamente olhar-se no espelho, decisão que mantém por meses.

E aí, a surpresa, o susto, o medo, o espanto. Um dia, ao se olhar no espelho, nada vê, nem mesmo os olhos, aqueles que pareciam fixos e imutáveis, além da evanescência do rosto.

Chega então a uma "terrível conclusão":

> não haveria em mim uma existência central, pessoal, autônoma? Seria eu um ... des-almado? Então, o que se me fingia de um suposto eu, não era mais que, sobre a persistência do animal, um pouco de herança, de soltos instintos, energia passional estranha, um entrecruzar-se de influências, e tudo o mais que na imanência se indefine? Diziam-me isso os raios luminosos e a face vazia do espelho – com rigorosa infidelidade. E, seria assim, com todos? Seríamos não muito mais que as crianças – o espírito do viver não passando de ímpetos espasmódicos, relampejados entre miragens: a esperança e a memória.

O narrador diz que assim ficou por anos, até que – após uma fase de grandes sofrimentos – ao olhar-se no espelho, algo apareceu, uma luz fraca, uma pálida claridade se mexia ali: "o tênue começo de um quanto como uma luz, que se nublava, aos poucos tentando-se em débil cintilação, radiância".

Diz o narrador que aí, já amava. E então, paulatinamente, vai-lhe surgindo do espelho um rosto:

Sim, vi a mim mesmo, de novo, meu rosto, um rosto; não este que o senhor razoavelmente me atribui. Mas o ainda-nem-rosto-quase-delineado, apenas – mal emergindo, qual uma flor pelágica, de nascimento abissal... E era não mais que: rostinho de menino, de menos que menino, só.

O narrador conclui com inquietantes postulações. Caso sua experiência tenha alguma conseqüência importante, significaria que a "vida" consiste em experiência extrema e séria; sua técnica – ou pelo menos parte dela – exigindo o consciente alijamento, o despojamento de tudo o que obstrui o crescer da alma, o que a atulha e soterra?... E o julgamento-problema, podendo sobrevir com a simples pergunta: Você chegou a existir?

A meu ver, Guimarães Rosa descreve com grande acuidade nesse conto não só o processo de constituição do sujeito, a criação de um eu que é a soma de inúmeras identificações, que esconde o "eu por detrás de mim", que seria o próprio desejo inconsciente, o sujeito. Também descreve aí o que ocorreria em termos ideais numa análise – o progressivo desnudamento destes traços de identificação, de sujeição e alienação no desejo e discurso do outro, em busca da verdade última do ser. Neste processo doloroso, meândrico, que provoca "dores de cabeça", chega-se até ao fundo, à desestruturação total deste eu alienado no outro, restando a dor da solidão e do próprio desejo, quando reencontra então sua face, sua verdadeira face. Agora é sujeito do próprio desejo e renasce, qual "flor pelágica", dos "abismos" deste próprio desejo, amando.

Também o analista se pergunta quantas pessoas chegaram realmente a existir, a ser, a realizar seu próprio desejo; quantas conseguiram efetivamente discriminar-se, desalienar-se e reencontrar-se.

O estatuto ético da análise é esse – o da verdade do desejo do sujeito e, neste sentido, a análise é, por excelência, a "estrada para Damasco", esse lugar único e privilegiado onde se dá o encontro do sujeito consigo mesmo.

A psicose em *O céu que nos protege* (*The sheltering sky*), de Paul Bowles

Ao filmar *The Sheltering Sky*, cujo lançamento deu-se em 1990, Bernardo Bertolucci colocou Paul Bowles no centro das atenções gerais, tornando acessível ao grande público esse recluso escritor que, no dizer de Gore Vidal, juntamente com sua mulher Jane, era figura central no mundo transatlântico das artes, famoso entre famosos, atraindo visitas e recebendo tributos de muitos artistas do mundo anglo-saxão nos anos 40 e 50.

Paul Bowles nasceu nos Estados Unidos em 1911 e aos 18 anos publicava poesia. Aos 20, estudando música com Aaron Copland, viaja com ele para Paris, quando conhece Gertrude Stein, que o desencoraja quanto ao exercício da literatura, sugerindo-lhe dedicar-se exclusivamente à música. Stein indica aos dois amigos a cidade de Tanger como lugar ideal para férias de verão. Bowles acata essas sugestões – vai pela primeira vez ao Marrocos, descobrindo então o lugar que seria seu futuro refúgio, e ficou sem escrever durante muitos anos.

Morando em Nova York nos anos 30 e 40, viaja muito pela Europa e América Latina, ganhando a vida como compositor erudito. Colabora

90   **Visita às casas de Freud e outras viagens**

em peças e filmes de Orson Welles, Elia Kazan, William Styron, Tennessee Williams. Em 1943 escreve uma ópera *The Wind Remains*, regida por Leonard Bernstein, coreografada e dançada por Merce Cunningham, encenada no Museum of Modern Art.

Em 1937 conhece Jane Auer, com quem estabelece um casamento muito peculiar, pontuado por separações, ligações extra-conjugais, casas separadas, tudo certamente devido à bissexualidade declarada dos dois.

Bowles fixa residência no Marrocos em 1947. Volta a escrever ao acompanhar as agruras de Jane na execução de *Two Serious Ladies*, o curiosíssimo livro que mereceu rasgados elogios de Truman Capote[61].

Nos anos 50, Bowles é procurado pela chamada geração *beat* – William Burroughs, Jack Kerouac, Allen Ginsberg. Tal contato fez com que muitas vezes sua obra fosse equivocadamente agrupada com a daqueles escritores.

Se há um ponto de contato entre eles, seria a recusa dos ideais convencionais de progresso tecnológico e do sonho americano, substituídos pela procura incessante, pela estrada como metáfora da ânsia e do vazio da vida, pela convicção de que mais vale a viagem do que sua destinação, sendo justamente essa a sina dos seres humanos.

Na opinião de muitos, como Gore Vidal e Jay McInnernay, o estilo claro, polido, clássico e distanciado de Bowles o aproxima mais de Edgar A. Poe, pelo terror frio que desenvolve em seus escritos. Não o terror metafísico ou sobrenatural, mas o humano, advindo da desagregação psíquica, da loucura e da morte.

Jay McInnernay, o jovem autor de *Bright Lights, Big City* – saga *yuppie* nova-iorquina filmada no final dos anos 80, encontrável nas vídeo-locadoras – diz: "Bowles demonstra simpatia pela postura típica dos surrealistas de chocar a burguesia em sua complacência, escavando o material cru do inconsciente e expondo-o à luz do dia. A

---

[61] Vide página 93.

A psicose em *O céu que nos protege* (*The Sheltering sky*), de Paul Bowles   9 1

avaliação dos trabalhos de Bowles feita em tons apocalípticos por Norman Mailer, também o coloca nessa corrente de terrorismo literário. Mas, como um de seus personagens, Bowles alega que para ele o escrever é meramente uma forma de terapia. 'Não gosto das coisas sobre as quais escrevo' – ele responde quando indagado por que tanto de sua obra lida com o lado escuro da natureza humana. 'É como um exorcismo. Não significa que aprove o que ocorre nas páginas de meus livros. Deus me livre'"[62].

Nos anos 60, Bowles passa a se interessar pela literatura oral, o folclore dos contadores de história do Marrocos, transcrevendo-os e traduzindo-os.

The Sheltering Sky[63] é seu primeiro e mais famoso livro. Foi escrito em nove meses e recusado pela Editora Doubleday, que não o considerou "um romance".

Nesse livro encontramos uma esquisita galeria de personagens. Americanos, franceses, ingleses que perambulam pelo Marrocos, compartilhando a idéia de que a civilização ocidental faliu. Fogem da Europa, dos destroços da guerra, mas não têm propriamente uma destinação. Parecem não vir de lugar algum – as referências ao passado são escassas, fragmentárias – e não vão para canto nenhum. Não há meta a chegar, o que resta é o viajar, o transitar, a mudança, o não se deixar prender a lugares ou pessoas.

O triângulo central – Port e sua mulher Kit (que, muitos dizem, representam quase diretamente Bowles e Jane) e o amigo Tunner, mantêm um relacionamento frouxo, flutuante, móvel, instável, cheio de subterfúgios e disfarces. Seu perambular os aproxima do deserto, distanciando-os cada vez mais da civilização européia. Suas inusitadas características começam a se opor com mais estridência. Melhor dizer as do casal Port e Kit, desde que Tunner faz mais o contraponto "saudável", modelo de uma impossível, desejada e desprezada adequação à realidade.

---

[62] *Vanity Fair*, may 1985.

[63] *O céu que nos protege*. Lisboa: Assírio e Alvim, 1989.

92   Visita às casas de Freud e outras viagens

Eles se movem num clima niilista, dentro de um impasse, num vácuo do qual procuram desesperadamente sair através da provocação deliberada de situações perigosas, num desejo mórbido de assumir riscos gratuitos, num descaso com a própria segurança.

Há uma impossibilidade intransponível na realização amorosa do casal. Port subrepticiamente empurra a mulher para Tunner. Mas também aí não há uma relação satisfatória. É tudo muito angustiado, infeliz, sem prazer, cheio de culpas.

Quando Port descobre que poderia amar a mulher, sente que precisa afastar Tunner, mas não consegue agir de forma firme e clara. Arma uma série de manobras complicadas, cheias de mentiras e dissimulações, nas quais seu objetivo não é explicitado sequer para Kit. Sua defesa básica é, mais uma vez, a fuga.

Nesta escapada chegam a uma longínqua aldeia. Ali, Port finalmente medita sobre sua busca de identidade, sua procura da felicidade, reconhece seu amor por Kit, planeja uma nova vida. Mas é tarde demais. Morre, vitimado pela febre tifóide, antes de poder dizer qualquer coisa a Kit. Sua morte talvez fora desejada inconscientemente, pois logo vamos saber que ele se recusara a cumprir com os procedimentos preventivos necessários contra a doença.

A morte de Port desencadeia em Kit uma reação extremada. Ela rompe com toda e qualquer amarra. Deixa o corpo do marido e foge para o deserto, onde encontra uma caravana de beduínos, com a qual desaparece.

A ruptura radical de Kit, o afundar num mundo totalmente desconhecido, no qual será sempre um corpo estranho, incapaz de inserção e acomodação, impossibilitado de comunicação, sem poder comungar dos mesmos valores e referências culturais – tudo isso constitui pontos altos no livro.

Um recurso estilístico simples configura essa situação para o leitor: várias, não muitas, frases em árabe, usadas no momento adequado e propositadamente deixadas sem tradução, marcam com grande eficácia a diferença, a distância, o desconhecimento.

A estranha beleza do livro advém desse arrebatamento da loucura, desse ir além de qualquer limite, do ousar tudo, do entregar-se totalmente sem reservas ou garantias. Kit enfrenta a vida agora nua e sem qualquer moldura ou barreira protetora formada pelo hábito, os costumes, a língua, a cultura.

Usando os três registros de Lacan, é como se Kit perdesse, abandonasse o Imaginário e o Simbólico e vivesse diretamente o Real, o viver bruto dos sentidos, do corpo, do sexo. Claro que, em assim fazendo, abandona o mundo das palavras e perde seu estatuto identitário, desmorona psiquicamente, psicotiza.

É evidente a problemática sexual latente no livro – a impotência, a repressão. Kit, sem consumar sexualmente seu casamento com Port, antes de fazer sexo com Tunner no trem, perde-se no vagão da quarta classe, no qual viajam os árabes, e vê ali, com horror, um homem mutilado: no meio do rosto, um buraco negro onde teria havido um nariz. Não há imagem mais clara da castração. Ao fugir e entregar-se aos beduínos, é levada para a medina de uma cidade desconhecida. O homem que a leva a disfarça com roupas masculinas. Tais elementos poderiam representar seus conflitos referentes à identidade sexual, que a teriam impedido de ter uma vida sexual satisfatoria com Port.

Instalada nesse outro mundo, nessa desconhecida cultura, acontece o retorno do reprimido, do negado. Kit se entrega a uma sexualidade louca e ilimitada, num cativeiro voluntário, assumido e desejado, onde não há espaço para mais nada. É um abandono de toda e qualquer contenção, entre elas a da própria identidade. É uma viagem da qual não há retorno possível.

Psicanaliticamente, o encontro de Kit com os beduínos e seu inteiro abandono e submissão aos desejos deles, atitudes decorrentes da abdicação de qualquer traço identitário ilustram bem o movimento regressivo da psicose, caracterizado pela fusão com o outro, esse outro que apesar de radicalmente diferente do sujeito não mais é assim reconhecido, em função da perda de limites do ego.

94　　　　　　　　　　　　**Visita às casas de Freud e outras viagens**

Uma investigação sumária de ordem lingüística sobre os nomes próprios escolhidos por Bowles para seus personagens confirma e amplia o que vimos acima.

Port, o personagem mais portentoso e complexo, tem um nome com ricas implicações. No *Webster's Third New International Dictionary of the English Language*, tem ele quinze entradas, de onde selecionei alguns significados: porto, refúgio, destino, meta, ponto de origem ou destinação de uma viagem, portal, vestíbulo, portão, entrada, conduta, procedimento, maneira ou estilo de vida, dignidade, condição, portátil, porfólio, retrato, mala de viagem, levar, carregar, aportar, portar.

Vê-se que dominam as referências à viagem, à conduta, à identidade e – bela imagem – o vazio que o portal representa enquanto abertura / fechamento, limite entre o dentro e o fora, elementos importantes na constituição do personagem.

O nome Kit (apelido de Katherine) tem cinco entradas. Os mais significativos: coleção de equipamentos e suprimentos caracteristicamente arrumados em caixas ou malas, equipamentos de roupas, conjunto comercialmente montado, *kit-bag*: mochila, apetrechos, filhote ou animalzinho de pele.

Retornam as referências à viagem, acrescentando-se um aspecto coisificado, de mala, bagagem, equipamento a ser levado por soldados ou marinheiros (*Dicionário Inglês-Português.* Hygino Aliandro. Pocket Books. New York:), um pequeno animal, todas pertinentes ao personagem, filhote indefeso ao perder o porto protetor que o amparava, perdendo sua identidade, coisificando-se, carregada passivamente pelos homens.

O nome Tunner, conseqüente com a pouca importância do personagem, tem uma única entrada: trabalhador cervejeiro encarregado dos tonéis. Desencadeador do drama, a única função de Tunner é, de fato, fermentar – como nos tonéis de cerveja – os potenciais latentes de Port e Kit.

Uma leitura de *Duas damas bem comportadas*, de Jane Bowles[64]

A autora

Jane Auer Bowles (1917–1973) nasceu em Nova York, filha de pais judeus. Esteve gravemente enferma durante a adolescência, o que a levou a longos tratamentos na Suíça. Conheceu Paul Bowles (autor de *The Sheltering Sky*[65]) então famoso compositor, em fevereiro de 1937, na cidade de Nova York. Após um namoro tempestuoso, os dois se casaram em 1938, um dia depois de Jane ter completado 21 anos. Em seguida, o casal Bowles viajou por vários países da América Central e da Europa, até se estabelecer por um período em Nova York, ocasião em que Paul trabalhou como crítico de teatro para o New York Herald Tribune.

Em 1947, Paul mudou-se para o Marrocos. Jane foi encontrá-lo ali um ano depois e, juntos, retomaram o hábito de viajar. Embora

---

[64] *Duas Damas bem comportadas*. Porto Alegre: Editora LPM, 1984, tradução de Lya Luft e prefácio de Truman Capote.

[65] Vide página 87.

96　　　　　　　　　　　Visita às casas de Freud e outras viagens

casados, Paul e Jane viveram praticamente separados, ambos envolvidos em relacionamentos homossexuais. Mesmo assim, seu casamento manteve-se até a morte de Jane em 1973.

Apesar das graves doenças físicas e mentais que limitaram sua produção literária, Jane Bowles foi considerada por muitos como uma grande e original escritora, comparável a Gertrude Stein e a sua contemporânea Carson McCullers. Truman Capote a descrevia como "gênio", e o poeta John Ashbery disse que ela era "um dos melhores escritores modernos em qualquer língua".

Foi a publicação de *Duas damas bem comportadas* (*Two Serious Ladies*), em 1943, que estabeleceu sua reputação como uma importante escritora de vanguarda. Posteriormente publicou uma peça *In the Summer House* (1954) e uma coleção de contos *Plain Pleasures* (1966). *The Collected Works of Jane Bowles* (1966) juntou esses textos num único volume. *My Sister's Hand in Mine* (1978) é uma edição ampliada do *The Collected Works*, contendo mais seis contos previamente publicados em periódicos diversos. Uma coleção de contos e cartas selecionadas foi publicada postumamente em 1976, com o título de *Feminine Wile*. Outros textos, incluindo algum material inédito de seus diários e suas cartas foi publicado sob o título *Out in the World: Selected Letters of Jane Bowles* (1985) e *Everything Is Nice: The Collected Works of Jane Bowles* (1989).

O livro

Primeiro capítulo

Christina Goering é descrita como uma criança estranha, da qual as demais meninas se afastavam. Já nessa ocasião era tomada por idéias de cunho religioso e propunha brincadeiras que giravam em torno de culpas e castigos – como quando fica rolando na lama para expurgar seus pecados ou quando dança num "culto ao sol". "Exibia

Uma leitura de *Duas damas bem comportadas*, de Jane Bowles 97

a expressão de certos fanáticos que se julgam líderes sem conseguirem o respeito de quem quer que fosse".

Já adulta, Christina mora na casa grande e imponente que herdara dos pais, com a governanta. Num determinado momento, a empregada deixa o posto e, sem que fosse esperada, sua sobrinha, *miss* Lucie Gamelon aparece na casa e se oferece para ali ficar como dama de companhia de Christina.

Durante uma festa para a qual fora convidada – coisa rara –, Christina encontra uma amiga, Mrs. Copperfield (Frieda) que lhe comunica "algo terrível" que está para lhe acontecer – uma viagem com o marido para o Panamá. Antes, durante a conversa, Christina relata um episódio que acabara de presenciar. Observava uma casa semi-demolida no outro lado da rua, na qual ainda restavam alguns objetos e em cujas paredes se viam ainda as marcas de quadros. Em determinado momento, viu entrar um homem no segundo andar e ali recolher alguma coisa. Pareceu-lhe ser o antigo proprietário. Antes de sair, ele foi até a beira do andar demolido e ali ficou pensativo por um longo tempo.

A forma como Christina narra sua história leva sua interlocutora a imaginar que o homem se mataria pulando do prédio, o que não ocorre. Mas essa simples possibilidade deixa Mrs. Copperfield extremamente nervosa, levando-a a repreender a amiga por contar uma história que lhe parece "insuportável". Ainda nessa festa, Christina conhece Arnold, que a convida para ir à sua casa, o que ela, em sobressalto, aceita.

No táxi, Christina expressa fantasias de ser atacada, torturada e morta pelo motorista. Ao chegarem à casa de Arnold, ao invés de abordá-la sexualmente, o que seria de se esperar, ele diz estar com sono e querer dormir. Nesse momento, sem se fazer anunciar, adentra no aposento o pai de Arnold, que passa imediatamente a competir com o filho pela atenção de Christina. Em seguida entra a mãe de Arnold, trazendo-lhe comida e, ao se deparar com Christina, a maltrata, tomando-a por uma prostituta.

Se Arnold já dissera que ia dormir, após a irrupção dos pais fica intimidado pela mãe e pede para que Christina se dirija a um outro quarto, o de empregada – um aposento sem calefação, muito frio. Constrangida, ela para lá se dirige e ao se recolher ao leito é abordada novamente pelo pai de Arnold, que mais uma vez tenta seduzi-la. São flagrados pela mãe de Arnold, que ameaça fazer um escândalo caso Christina não saia da casa imediatamente, coisa que ela faz, procurando táxi na alta madrugada.

No dia seguinte, em sua casa, Christina recebe a embaraçada visita de Arnold. Ele fica impressionado com a propriedade, que Christina lhe mostra, apontando todos seus encantos. Durante a conversa que se estabelece, Arnold toma conhecimento de que a casa está sendo vendida. Christina acha que tem de morar num lugar pior, ermo, distante e em más condições, decisão que enche Lucie Gamelon de perplexidade e desespero impotente. Lamentando a situação, Lucie diz para Arnold que Christina – ao ser por ela admoestada contra a venda da casa – dissera-lhe que aquilo era "apenas o começo de um programa terrível". De fato, Christina mostra que escolheu propositada e cuidadosamente o lugar mais inóspito e terrível que poderia encontrar. Quando os amigos tentam, mais uma vez, demovê-la da decisão, ela diz que não poderia deixar de vender a casa, pois isso "não faria sentido".

Segundo capítulo

O casal Copperfield faz uma viagem ao Panamá. Apesar de advertidos, o marido escolhe deliberadamente a zona de prostituição no centro da cidade para se hospedarem, evitando os grandes hotéis situados nas praias, para onde se dirigem todos os turistas estrangeiros. Logo encontram na rua uma primeira prostituta que faz uma proposta homossexual para Mrs. Copperfield. O marido, alegando querer fazer explorações turísticas, deixa sua mulher sozinha num hotel mais que suspeito. Mrs. Copperfield rapidamente se envolve sexual e afetivamente com várias prostitutas, especialmente a senhora Quill

Uma leitura de *Duas damas bem comportadas*, de Jane Bowles **9 9**

e Pacífica. Presencia a chegada de um velho marinheiro, Meyer, que força uma relação sexual com Pacífica em sua presença. Mrs. Copperfield mostra uma atitude estranha que surpreende até mesmo as duras prostitutas. Comporta-se alternadamente como a grande dama de sociedade que é e uma menininha mimada que precisa de proteção. Mas em ambos os casos, parece não ter consciência das conseqüências de seus atos. Provoca deliberadamente ciúmes em uma jovem prostituta que por ela se encanta. Ao reencontrar o marido, se desentende com ele. Antes de partir novamente e deixá-la sozinha, ele lhe escreve uma carta onde, num tom de reprovação, a acusa de se deixar dominar por seus próprios problemas e não se abrir para situações novas.

Terceiro capítulo

Após vender sua mansão, Christina Goering e sua companheira Lucie Gamelon já estão habitando uma casa humilde, muito mal conservada, quase uma choupana, numa ilha pouco habitada próxima ao continente. Arnold está morando com elas, o que suscita a desaprovação de Lucie Gamelon, preocupada com o que os esparsos vizinhos poderiam dizer. Os dois brigam pelas atenções e preferências de Christina. Arnold disputa com Gamelon o uso da saleta da casa e, exasperado, joga um vidro de perfume que a atinge na cabeça, ferindo-a. Assustado, foge de casa. As duas vão procurá-lo, enfrentando um grande medo de sair à noite pela região erma. Ao ser encontrado, Arnold faz as pazes com ambas.

Inesperadamente chega à humilde casa o pai de Arnold, declarando – para espanto de Lucie Gamelon – que vai morar ali também. Abandonara a mulher na cidade e diz não se importar mais com ela. Tenta novamente seduzir Christina, que está encantada com a situação, vivendo-a como uma anfitriã recebendo hóspedes em sua casa. Arnold, que deixara de trabalhar como corretor e deseja dedicar-se às atividades artísticas, muda de atitude e começa a demonstrar interesse por Lucie Gamelon, a quem passa a chamar de Bubbles.

100   Visita às casas de Freud e outras viagens

Sem maiores explicações, Christina diz que se sente compelida a fazer uma viagem à noite até o continente, empreitada arriscada, pois tem de andar sozinha por lugares abandonados até a balsa. Cheia de apreensões, Christina empreende sua aventura. No trem, se depara com uma turma de crianças e uma senhora, a quem surpreende com suas atitudes. Ao chegar perto da balsa, encontra um velho a quem indaga sobre o movimento que vê ali. Descobre que há um cabaré para o qual todos se dirigem para beber, dançar e ouvir música. Vai até lá com o velho e ali se aproxima de um casal desconhecido com o qual conversa, notando que Andy, um homem solitário a observa com insistência. Deixa-se abordar por ele, que a leva para casa, onde ela escuta o relato de sua paixão por uma mutilada, uma mulher-tronco, sem membros. Apesar da insistência de Andy, que a deseja, ela não aceita sua aproximação sexual, deixando-o enlouquecido.

Volta para casa e avisa – para desespero de Lucie Gameron – que na noite seguinte repetirá sua aventura. Desta vez, Arnold e o pai, que continuam rivalizando entre si pelas atenções de Christina, resolvem acompanhá-la, o que ela aceita relutantemente, pois assim os passeios seriam "despidos de seu valor moral".

Ao chegarem ao continente, Arnold logo se separa do grupo, interessado num jogo de basquete no qual começa a participar. Seu pai acompanha Christina ao bar, onde ela encontra Andy, que se desentende com o pai de Arnold. Chistina pede desculpas a este, diz que não retornará para casa e marca um encontro com ele daí a oito dias, na sorveteria em frente ao bar onde estão. Resignado, o pai de Arnold a vê deixar-se levar por Andy.

Durante essa semana que fica com Andy, Christina descobre a batalha que ele travava contra o alcoolismo. Sua companhia faz com que Andy se sinta encorajado a propor alguns negócios a empresários da região. Andy prepara o encontro com esses homens, no qual é humilhado, mas Christina não está minimamente preocupada com isso. Nesses oito dias freqüentara o bar à noite com Andy e observara um estranho homem que a olhava com interesse. Isso a fez decidir

Uma leitura de *Duas damas bem comportadas*, de Jane Bowles 101

aceitar sua corte e entregar-se a ele. Dessa forma, abandona friamente Andy, quando ele mais precisava dela.

Já se tinham passado os oito dias e Christina vai, com atraso, ao encontro marcado com o pai de Arnold, quando recebe notícias de casa. Toma conhecimento que Arnold e Lucie Gamelon, tão logo souberam que Christina retardaria sua volta para casa, tomaram a iniciativa de mudar para uma casa minimamente habitável e agora solicitavam a ela, através do pai de Arnold, que continuasse a arcar com as despesas, com o que ela alegremente concorda. O pai de Arnold parece-lhe velho e acabrunhado, e lhe comunica que deverá voltar para a mulher, pedindo para que ela leia a carta que lhe tinha escrito. Ela deixa o velho na balsa e volta para o bar, onde encontra o homem que a observava com interesse, supostamente um gângster, e por ele se deixa levar no carro.

Mal tinham chegado à casa do gângster, quando ele recebe um telefonema e diz que todos devem ir a um restaurante, para uma reunião. Em lá chegando, Christina é instalada sozinha numa mesa e instruída para ali esperar o final da reunião, que ela entrevê numa mesa não tão longe da sua. Como a reunião demorava, pensa em ligar para alguma amiga que lhe pudesse fazer companhia. Lembra da senhora Copperfield, a quem não via há bastante tempo. Faz a ligação, no que é repreendida com brutalidade pelo gângster, que se sente ameaçado com o telefonema. Mesmo assim, Christina faz o convite, que é prontamente aceito. A senhora Copperfield em seguida chega ao restaurante, acompanhada por Pacífica, a prostituta do Panamá que ela trouxera consigo ao voltar para casa. Pacífica sai para um encontro com o namorado. A senhora Copperfield bebe sem parar e fala de seu desespero e dos ciúmes que tem de Pacífica.

Enquanto observa no bar a amiga desesperada, Christina é abandonada no restaurante pelo gângster, que simplesmente lhe diz ter de fazer uma imperiosa viagem e que ela se arranjasse para voltar para casa.

Sozinha, Christina se pergunta se todos seus sofrimentos a aproximam da redenção moral, ou, pelo contrário, se eles são um

102 Visita às casas de Freud e outras viagens

acúmulo de erros e pecados que mais a degradaram, fazendo-a cair mais baixo ainda no mal.

Interpretações

Psicanaliticamente, pode-se com facilidade rastrear o substrato pessoal e biográfico da autora nas suas personagens Christina Goering e senhora Copperfield. Se isso reforça a teoria que explica a arte como uma sublimação da vida, um produto não *ex-nihilo* da mente do artista e sim uma recriação de situações vitais, existenciais, é extremamente importante não fazer uma redução que equipare a produção de uma obra de arte à emergência de um sintoma. Enquanto o sintoma é uma construção simbólica, da qual sequer aquele que o sofre conhece o significado, sendo necessário um analista para lê-lo, interpretá-lo e / ou construí-lo, a arte é um produto que propicia uma identificação geral em todos os níveis, facilitando uma maior compreensão de si mesmo daqueles que a apreciam.

A capacidade criativa dos artistas permanece um enigma para Freud, que sempre a admirou, sem tentar explicá-la. A verdade é que os artistas mergulham em suas próprias experiências e fantasias inconscientes e de lá voltam com suas obras.

Ainda do ponto de vista analítico, o livro descreve quadros compulsivos e psicóticos.

Christina Goering representa bem a neurose obsessiva, a submissão à culpa da qual tenta inutilmente se livrar, estabelecendo punições variadas para si mesmo e uma obcecada preocupação com a santidade. Na infância, as brincadeiras descabidas. Na vida adulta, o se envolver em situações de grande risco e abandonar sua mansão para morar numa casebre em escombros, tudo com o intuito de se punir. Apesar de tudo, permanece a dúvida obsessiva, como evidencia a frase final. Depois de tudo, Christina não tem certeza se o que fez a expiou dos males ou, pelo contrário, apenas aumentou sua imensa quota de maldade da qual precisa expiar a culpa.

Uma leitura de *Duas damas bem comportadas,* de Jane Bowles   **103**

Em sua peculiar *via crucis*, Christina Goering se depara com tipos estranhos. Artur, um frustrado artista, totalmente castrado, fixado nos pais. Ele fracassa na abordagem sexual e não sem motivos, pois logo os pais invadem seu quarto, trazendo roupas e comida, controlando-o como a uma criança. Em seguida, o pai se coloca diretamente como seu rival sexual, tentando conquistar Christina e desacreditá-lo como homem. Posteriormente a mulher (mãe de Arnold) invade o quarto de empregada onde Chistina se refugiara e a xinga de "puta", o que – nas circunstâncias – parece apropriado.

Isso mostra a curiosa estrutura do sintoma obsessivo e da formação reativa. De tanto querer ser pura e santa, Christina termina agindo como uma prostituta, o que também era seu desejo. Por outro lado, todo o episódio na casa de Arnold parece uma longa cena primária, onde os limites de privacidade – representando a identidade – são completamente ignorados de lado a lado, entre pais e filhos.

No terceiro capítulo, encontramos Christina morando na choupana na ilha fora do continente, o que é fruto de uma atuação auto-punitiva mas também uma representação de seu progressivo isolamento e afastamento da realidade. Arnold acompanha Christina em sua mudança, no que é seguido pelo pai, que abandona a mulher (mãe de Arnold). Isso parece evidenciar a relação narcísica homossexual do pai com o filho, encoberto por seu amor por Christina. Essa, por sua vez, radicaliza suas experiências, freqüentando um bar suspeito, onde se deixa seduzir por um desconhecido, Andy, em quem suscita muitas esperanças. Como seu empreendimento é completamente narcísico, Christina não sente ter obrigação alguma com Andy, abandonando-o num momento crítico.

Mrs. Goering, numa relação dissociada com o marido, submete-se aos caprichos dele, mas tem o lucro secundário de poder usufruir de prazeres homossexuais. Suas relações afetivas são peculiares. Sente-se ligada ou devedora de obrigações e fidelidade com pessoas praticamente desconhecidas – as prostitutas com quem se envolve na zona do porto, enquanto vive distante afetivamente do marido.

104   Visita às casas de Freud e outras viagens

Sua conduta inadequada surpreende as companheiras recém adquiridas, que não a compreendem.

O breve encontro final entre Cristina e Mrs. Goering, não poderia ser mais inquietante. Esta, desesperada por perder a amante homossexual – a prostituta do Panamá, curiosamente chamada Paciífica, que só então sabemos ter ela trazido consigo ao voltar da viagem. Cristina também é tratada pelo gângster que seria seu novo amante como um traste esquecido e sem nenhum valor.

A neurose obsessivo-compulsiva de Christina e a dissociação psicótica de senhora Copperfield parecem radicar na impossibilidade de lidar com a culpa, a depressão, a perda, os objetos mortos. Isso seria evidenciado pela primeira conversa das duas, quando Christina fala da casa demolida e da atitude melancólica, quase suicida do homem que ela observara. Essa história é "insuportável" para a senhora Copperfield. Ou seja, Christina, como neurótica, tem estrutura suficiente para lidar com a culpa do objeto perdido, amado, odiado, atacado. A senhora Copperfield, como psicótica, não a tolera, pois mantém-se fusionalmente ligada aos objetos, dos quais não se discrimina, não suporta a idéia de deles se separar, de viver a castração simbólica.

É interessante ainda comparar os dois quadros, pois Christina, por mais que bordeje a homossexualidade, mantém uma relação com os homens, nem que seja tênue e instável. Incestuosa, presa à cena primária, Christina reconhece a diferença sexual, embora o faça confusamente e cheia de culpas.

A senhora Copperfield em plena relação fusional com a mãe, só suporta relações lésbicas, sonhando encontrar Pacífica, uma mãe oceânica que a abrigue para sempre.

Literariamente, o livro suscitou ardorosos elogios de Truman Capote e Tennessee Williams.

De fato, ele é uma pequena obra-prima de humor *nonsense,* pois o talento da autora a faz manter uma voz narrativa eqüidistante, que não se identifica com as loucuras de seus personagens e que se limita a relatar seus comportamentos, suas conversas e atitudes.

O efeito estético desse distanciamento é o insólito e o cômico, causado pelo inusitado e o inesperado de tudo que ali é relatado. Os diálogos são surpreendentes e mostram uma apurada noção da loucura.

O contraponto de sensatez representado por Lucie Gameron também sempre provoca o riso. Há cenas impagáveis, como a de Christina no trem; ou dos Copperfield numa viagem de ônibus; a senhora Copperfield lidando com os clientes de suas amigas prostitutas; toda a longa cena da senhora Quill com o pretenso salvador no hotel de luxo.

Apesar de sua própria doença mental, Jane Bowles mostra grande lucidez, crítica e humor ao descrever as atitudes e pensamentos de seus personagens loucos Christina Goering e senhora Copperfield e ao confrontá-los com o pedestre bom senso de Lucie Gamelon.

A cuidadosa tradução de Lya Luft procura manter o realce que a autora dá às diferenças de classes sociais, evidenciada especialmente na linguagem dos personagens.

Canibalismo

Minha mulher e eu estávamos na casa de meus cunhados. Conversávamos tranqüilamente sem nos importar com a presença de nosso sobrinho de dois anos e meio que perambulava por ali. De repente fomos interrompidos por sua fala, que, num tom raivoso e de muita censura, dirigia-se a minha mulher, apontando para sua barriga grávida de sete meses. Disse ele: "Você pensa que não sei que você comeu o filho que está em sua barriga?!?"

Todos rimos com sua tirada, uma "coisa de criança" e ele saiu da sala aparentando uma indignação ainda maior.

Estava ele evidenciando uma das descobertas de Freud ligadas às chamadas "fases de evolução da libido". Produzia uma fantasia típica da fase oral canibalística, também chamada oral-sádica. Nessa fase, predominam na criança as fantasias de comer a mãe ou a de ser por ela comida. Essas fantasias de canibalismo se dão pelo desejo amoroso da criança de não se separar da mãe, de retê-la consigo, de se fundir com ela, de não tolerar dela se separar. Ao mesmo tempo, representam o desejo vingativo de destruir a mãe por ter-lhe abandonado ou frustrado seus anseios, desejo esse que a enche de

108 Visita às casas de Freud e outras viagens

medo de retaliação por parte da mãe ou de necessidade de castigo por sentir-se culpada frente a tais impulsos agressivos. Em ambos os casos, o resultado poderia levar ao temor de ser devorada pela mãe.

As fantasias orais sádicas ou orais canibalística estão ligadas ao aparecimento dos dentes e a possibilidade de usá-los para morder, roer, rasgar, mastigar, o que era até então impossível, dado que a criança se atinha a sugar a alimentação.

A fase oral se instala nos primórdios da vida e mostra como é intima a relação entre pulsões sexuais e as pulsões de autoconservação. As primeiras se apoiam nas segundas, adquirindo com isso um objeto, uma direção e uma fonte orgânica. Essa mesma ligação oferece os modelos para as representações psíquicas inaugurais referentes ao interno e ao externo, ao dentro e ao fora, à discriminação entre o eu e o outro. O ingerir alimentos e o expulsá-los através de vômitos são os protótipos corporais ou somáticos dos mecanismos psíquicos de incorporação (e introjeção) e da projeção.

A transformação que vai de incorporação ("vou comer minha mãe, assim a retenho dentro de mim e não a perco, ganho suas qualidades") à introjeção ("vou guardar essa imagem de minha mãe em minha mente pois não quero e não posso me separar dela") e chega à identificação ("vou manter comigo alguns traços e elementos que representam e significam minha mãe e eles vão organizar meu psiquismo, vão me permitir ser como ela em alguns aspectos importantes) pode ilustrar muito bem o processo de evolução mental que parte de modelos baseados no funcionamento corporal até o franco estabelecimento do funcionamento psíquico.

O sujeito humano se constitui dentro de processos, que podem ter como referência as fases da evolução da libido, a transição do narcisismo para a fase objetal, o transitar do processo primário para o processo secundário ou ainda o abandono da relação fusional dual com a mãe e aceitação da castração simbólica trazida pela presença do pai – processos típicos do complexo de Édipo.

Muitos percalços cercam a constituição do sujeito humano, afastando-o quase completamente dos referenciais biológicos e

Canibalismo

naturais. São esses desvios os responsáveis pelos distúrbios psíquicos que vão desde as perturbações neuróticas – nas quais o sujeito sofre com suas fantasias e se impõe empecilhos quanto à realização de seus desejos, mas sem romper a ligação com a realidade – até as psicóticas, nas quais está rompido o contato com a realidade.

Essas idéias me ocorreram ao ler as recentes notícias sobre Armin Meiwes, dito o "canibal de Rotenburg". Como foi amplamente noticiado, o alemão Armin Meiwes, nascido em 1961, conheceu Bernd Jurgen Brandes pela internet e lhe fez um trato no qual se propunha a matá-lo e a comê-lo. Com a anuência de Brandes, os dois homens se encontraram na residência de Meiwes em março de 2001, quando o acordo foi concretizado. Antes de ser morto, Brandes deixou que Meiwes lhe extirpasse o pênis, que juntos comeram. Meiwes foi preso em dezembro de 2002, ao procurar novamente na internet voluntários para suas práticas canibalísticas. Meiwes foi julgado por homicídio em segundo grau e condenado a oito anos e meio de cadeia.

O caso atraiu considerável atenção da mídia, ocasionou um debate psiquiátrico sobre seu estado mental e dúvidas legais sobre sua condenação, desde que Brandes, a vitima, tinha-se oferecido para o ato voluntariamente e com inteiro conhecimento de causa. O caso inspirou canções de bandas de *rock* na Alemanha e Estados Unidos e em 2004 a cineasta alemã Rosa von Praunheim declarou que filmará o episódio. Há abundante material sobre o caso na rede. Em abril de 2005, um tribunal alemão reabriu o caso, após apelações contra a sentença. Os advogados acreditam que Meiwes merece prisão perpétua por homicídio em primeiro grau.

Analiticamente falando, Meiwes realiza concretamente aquilo que é uma fantasia que todos nós tivemos e que processamos de várias formas, transformando-a – como vimos acima – em seus sucedâneos psíquicos de incorporação, introjeção e identificação e, em parte, reprimindo-a. Dela teremos notícias eventuais e muito disfarçadas em sonhos, fantasias, sintomas orais. O fato de que Meiwes a tenha mantido – como ele mesmo relatou aos jornais – como uma fantasia consciente ligada a um desejo sempre presente e que tenha terminado

110 **Visita às casas de Freud e outras viagens**

por concretizá-la na realidade, mostra uma falha extremamente grave no seu processo de simbolização, característica da psicose.

Aqui abro um parêntese para comentar a importância da internet no caso de Meiwes. Nele, a rede mostra seu extraordinário poder de agregar pessoas que de outra forma jamais, ou muito dificilmente, se encontrariam. As salas de bate-papo, com seu sigilo aparente (já que é possível rastreá-las, se necessário for), permitem a exposição de fantasias e desejos os mais bizarros e a possibilidade de encontrar alguém com interesses semelhantes. No caso em pauta, podemos pensar que a incidência do canibalismo é ínfima, são casos muito raros. A possibilidade de expressar socialmente esse tipo de fantasias sem sanções imediatas era inexistente antes da internet. E o poder expressá-las torna possível encontrar outros com fantasias complementares, como a do parceiro de Meiwes, Bernd Jurgen, um suicida no qual, possivelmente, jogavam papel importante fantasias de ser devorado por uma mãe sádica.

O mesmo pode ser dito sobre pessoas que se autodenominam "*furries*" ("peludos") por gostarem de praticar sexo vestidas com fantasias de bichinhos de pelúcia[66]. Seria uma nova modalidade de "perversão"? De qualquer forma, também aí a internet foi de importância capital. Possibilitou que esses indivíduos falassem publicamente – mas em sigilo – da peculiar forma pela qual seu erotismo se expressa, o que lhes permitiu a descoberta de que outros comungavam dessa modalidade específica de fantasia ou prática sexual e, passo seguinte, viabilizou a organização de encontros públicos que têm merecido uma certa atenção da mídia.

Retomando o caso Meiwes, ele aponta uma situação paradoxal - quanto mais violento é o ato homicida, quanto mais em sua realização o assassino rompe com a integridade do corpo da vítima, esquartejando-a, eviscerando-a, etc, mais ele está concretizando na realidade fantasias arcaicas inconscientes universais, tal como revelou

---

[66] *Vanity Fair*, march 2001 – «Pleasures of the fur» http://pressedfur.coolfreepages.com/press/vanityfair.

Canibalismo

meu sobrinho, ao acusar minha mulher de "ter comido o filho que estava em sua barriga".

Num caso como o de Meiwes fica evidente que a psiquiatria não pode prescindir do saber psicanalítico. É necessário mais uma vez dar testemunho do valor desse saber, uma vez que, no momento, ele se encontra sob o fogo cruzado do cognitivismo, que se dá ao luxo de ignorar o inconsciente freudiano, e das neurociências, que querem reduzir toda a vida psíquica a um epifenômeno dos neurotransmissores cerebrais.

As fotos da tortura no Iraque

São várias as fotos. Não as tenho agora à minha frente e as descrevo de memória. A primeira coisa que nelas chama a atenção é a nudez dos prisioneiros, contrastada com a pesada vestimenta militar dos soldados americanos. Numas fotos, eles estão amontoados uns sobre os outros, como uma pirâmide de corpos nus, observados por soldados. Noutra, os prisioneiros estão enfileirados e um deles manipula os próprios órgãos genitais, no que é observado por uma soldada que parece se divertir com a situação. Mais uma foto e vemos a mesma soldada apontando para os genitais de um prisioneiro, como que a ridicularizá-lo. Uma outra: um soldado sentado sobre o corpo de prisioneiro deitado no chão. Cães retidos por soldados ameaçam atacar um prisioneiro despido. Prisioneiros simulam relações sexuais. Aquela soldada, a mesma que aparece em várias fotos e que posteriormente foi identificada como Lynddie England, segura uma coleira presa ao pescoço de um prisioneiro despido, que se arrasta pelo chão.

Pergunto-me porque me esforço em descrever fotos que circularam intensamente, vistas pelo mundo inteiro. Pareceria um

114 Visita às casas de Freud e outras viagens

trabalho desnecessário. Mas penso que, ao descrevê-las, ao escrever sobre suas características, eu as retiro do registro visual e as recodifico na linguagem escrita. O efeito imediato sobre isso é o escapar do fascínio que a imagem – qualquer imagem – sempre nos provoca. A imagem nos seduz e nos suga para seu interior, tornando mais difícil o sempre penoso trabalho de pensar. E o que pretendo aqui é justamente pensar sobre essas fotos. Não apenas me revoltar com a violência da situação ou – mais secretamente – gozar com as cenas sado-masoquistas ali representadas.

Como disse acima, o que logo atrai nosso olhar é a nudez dos prisioneiros. Porque ela nos atrai o olhar tão intensamente? Porque ela nos escandaliza mais que os corpos mutilados e mortos, vitimados dos bombardeios e tiros decorrentes das ações da guerra? Por que a nudez é usada como instrumento de tortura?

Se tomarmos a Bíblia, vamos encontrar no Gênesis o relato inaugural do escândalo provocado pela nudez. Criado o mundo, Deus dá vida a Adão e Eva. Inicialmente, eles "estão nus e não têm vergonha" (Gen, 2-25). Mas Eva, desobedecendo a ordem divina, deixa-se seduzir pela serpente e come – juntamente com Adão – do fruto proibido. Imediatamente, "os olhos de ambos se abriram e viram que estavam nus; teceram folhas de figo e com elas se cobriram" (Gen, 3,7). Pouco depois, Adão foge da presença de Deus e, ao ser por ele interpelado, diz que "estava com medo, pois estava nu" (Gen, 3-10). Deus lhe pergunta, "como sabes que estás nu?" (Gen, 3-11). Conhecemos o desfecho de tudo – Deus expulsa Adão e Eva do Paraíso, condenando-os às agruras da vida humana e à morte ("tu és pó e ao pó retornarás" – Gen, 3-19).

Antes de continuar, faço uma pequena digressão. Para escrever esse texto voltei a ler trechos do Gênesis, coisa que há muito não fazia. Fui arrebatado por sua beleza literária e fiquei intrigado com sua riqueza simbólica enquanto mito das origens, o que me fez levantar questões muito mais amplas que aquelas que eu ali buscava, ligadas à nudez. Embora sabendo que tais questões já ocuparam legiões de estudiosos (religiosos ou não), aos quais não consultei neste momento,

As fotos da tortura no Iraque   115

não resisto à tentação de me deter um pouco sobre o que essa leitura me suscitou, desviando-me de meu objetivo principal, ao qual logo retornarei.

A primeira coisa que no Gênesis chama a atenção diz respeito a como Deus é ali apresentado. Onipotente e onisciente, ele cria o universo do nada. À sua imagem e semelhança, cria Adão e Eva e os deixaria no Paraíso, desde que o obedecessem e a ele se submetessem sem nenhum questionamento. Estabelece uma única interdição, que – ao ser rompida por Adão e Eva – revela-se como a via de acesso ao conhecimento. Perguntas: Deus quereria a humanidade submissa e ignorante? Reservaria para si mesmo toda a quota de conhecimento, mesmo aquela que Adão e Eva – com as limitações próprias à condição de meras criaturas – poderiam ter?

Essa descrição de Deus poderia ser entendida como a representação mítica de pais narcisistas e onipotentes, incapazes de verem suas próprias falhas, intolerantes com a expressão própria e singular que os filhos podem vir a ter (eles são criados à "sua imagem e semelhança"), além de exigirem deles a mais completa obediência e submissão, objetivando mantê-los infantilizados e castrados, em estado de permanente dependência, ignorância e desconhecimento, especialmente no que se refere à sexualidade.

Um outro aspecto que salta à vista no Gênesis é o papel que a mulher ali desempenha. Ela é apresentada claramente sob um enfoque negativo, desde que lhe é atribuída a desobediência que desencadeia a ira divina e a punição extrema – a expulsão do Paraíso. Ela é a incapaz de manter o compromisso. São dela a fraqueza e a traição. Mas, ao se deixar seduzir pela serpente-falo-pênis, não expressaria Eva o desejo de crescer, de reconhecer a diferença sexual, de exercer sua sexualidade, de testar a possibilidade de procriar?

Os desejos de Eva não são legitimados, são severamente punidos. Deus diz que haverá sempre um ódio entre os descendentes da serpente e os da mulher. Indicaria isso que a mulher, a curiosa, teria para sempre interditado o acesso ao conhecimento? Por isso ficaria relegada a um papel secundário, ao lugar doméstico de mãe? Seria

116　　　　　　　　　　　**Visita às casas de Freud e outras viagens**

esta uma das raízes culturais da forma depreciada pela qual a mulher é vista, considerada menos confiável, mais vulnerável e frágil, incapaz de manter a palavra, um ser inferior? Afinal, é nessa condição que a mulher viveu durante muitos séculos, até recentemente ter seus direitos reconhecidos, ainda que não universalmente. Nesse particular, não precisamos lembrar da condição da mulher no Islã e na África, pois mesmo em nossas civilizações ocidentais persiste tal visão depreciativa.

São questões interessantes, mas voltemos ao nosso tema – a nudez. Vimos sua evitação no Gênesis, nos momentos inaugurais da humanidade. Adão e Eva se cobriam não para se proteger das intempéries e sim para esconder o sexo. Eles tecem um "avental' com folhas de figueira. Não seria despropositado pensar que Freud se inspirou nesse relato bíblico quando atribui o trançar e o tecer como uma das poucas contribuições femininas nas descobertas e invenções na história da civilização. Tal invenção visava cobrir a genitália da mulher, no caso a ausência do pênis[67].

Pode-se considerar que o relato bíblico simboliza o momento descrito por Freud da descoberta das diferenças anatômicas sexuais. Na fantasia da criança, a nudez inicialmente não tem significado ("estavam nus e não tinham vergonha"), pois a criança acredita que todos os seres humanos são iguais. Todos têm falos. Se ele está presente em alguns e ausente noutros, a mente infantil resolve esse problema apelando para uma experiência já armazenada em sua jovem existência: a dentição. No início todos têm uma gengiva lisa, sem dentes. Mas, com o tempo, eles aparecem, "nascem". Assim, ao observar que algumas crianças têm pênis e outras não, ela não se preocupa, acredita que, mais cedo ou mais tarde, eles "nascerão", tal como ocorreu com os dentes.

A partir de um determinado momento, essa diferença não mais é assim equacionada. Pensa a criança que aquelas nas quais o pênis não

---

[67] Freud, S. *Feminilidade – Conferência XXXIII*, 1933, vol. XXII. Standard Edition. Imago, 1969, p.162.

As fotos da tortura no Iraque

é visível, isso ocorre por ter sido ele extirpado, cortado fora. Aqueles que o exibem, correm o risco de sofrer a mesma mutilação. As meninas, que teriam sofrido a castração, ficariam permanentemente com a queixa, o ressentimento e a inveja. Já os meninos, que não a sofreram, ficariam para sempre ameaçados com sua possibilidade.

Essa dramática mudança se dá em função do complexo de Édipo, das fortes correntes amorosas e odiosas dirigidas para os pais, esses "deuses" poderosos e imprevisíveis cujo amor exclusivo é desejado pelos filhos.

Desta forma, o homem possui o pênis, mas não está seguro de sua permanência, está sempre angustiado, executando rituais que o reassegurem quanto a sua presença, esconjurando a sempre pendente ameaça de castração. O machismo é uma supercompensação frente essa angústia, expressando-se como medo da submissão ou passividade frente a outro homem, condições vividas imaginariamente como castração. As mulheres sentem-se prejudicadas e inferiorizadas, ressentidas e invejosas por não terem aquilo que pensam ser uma garantia de completude e felicidade.

As conseqüências psicológicas das diferenças anatômicas entre os sexos poderiam, a nível simbólico, conduzir a um abandono do narcisismo onipotente e à aceitação do outro e do diferente. Ter ou não ter um falo passa a ser o símbolo fundamental da nossa incompletude humana. Mas nem todos conseguem atingir essa compreensão e se aferram aos fantasmas imaginários do falicismo, acreditando numa superioridade do homem e no desprezo e ódio à mulher, o que explicaria a posição social inferior que ela tem ocupado por tantos séculos. Machistas e feministas relutam ver que ambos, mulheres e homens, são – para sempre – incompletos e desejantes.

Por outro lado, autores como Melanie Klein e seus seguidores, que enfatizaram a importância da relação dual com a mãe, a mais primitiva e fundamental de todas as relações, permitiriam entender o ódio à mulher de outra forma. O desprezo à mulher decorreria não do fato de ser ela imaginariamente castrada, mas da inveja que um dia, no passado, ela despertou no seu então bebê, ao exibir para ele

118   **Visita às casas de Freud e outras viagens**

seu seio bom, do qual ele dependia de forma absoluta ou seu seio mau, que tanto o perseguia e assustava, também de forma absoluta. O ódio às mulheres seria uma vingança pelo excessivo poder que elas – como mães – um dia exerceram sobre os filhos. É o terror do poder sedutor e envolvente das mães que desencadeia o ódio e desprezo à mulher.

Embora essas idéias possam decorrer das teorizações kleinianas, elas não estão ali explicitadas e sim, curiosamente num autor como Stoller, um freudiano mais criativo. Diz ele:

> Com isso quero me referir ao fato de que os meninos precisam realizar um ato de separação frente à mãe que as meninas não têm necessidade de fazer. Esse ato imaginário estabelece, dentro dos meninos, uma barreira contra o desejo primitivo de permanecerem fundidos com suas mães, de não serem indivíduos separados de suas mães e, assim, de não poderem ter certeza de serem efetivamente machos. Em outras palavras, eles temem se transformar em mulher. Muito da masculinidade em todas as culturas deriva deste conflito: a ênfase no falo, o medo da intimidade com as mulheres, o medo de ser humilhado pelas mulheres, a necessidade de humilhar as mulheres, de fetichizá-las[68].

Ambas interpretações – o desprezo às mulheres decorrente de serem elas consideradas 'castradas' e o ódio retroativo pelo excessivo poder materno – não são excludentes e devem-se sobrepor, abrangendo a costumeira sobredeterminação presente nos fenômenos inconscientes.

A visão de corpos nus do sexo oposto terá uma conotação prazerosa, francamente erótica, tanto mais distantes estejam as angústias fálicas infantis, que condicionavam a visão desses corpos em termos de castrados (percebidos com horror – visão masculina) ou não castrados (percebidos com inveja – visão feminina).

---

[68] Stoller, Robert J. *A Psychoanalyst explores the world of S & M*. New York / London: Plenum Press, 1991, p. 42.

As fotos da tortura no Iraque 119

O reconhecimento das diferenças anatômicas sexuais só acontece, claro, estando os corpos desnudos, em estado de nudez. O uso das roupas faz parte da estratégia do mal-estar na cultura, da repressão da sexualidade, da não estimulação dos desejos sexuais através do olhar. A cultura exige que andemos vestidos. Só nos despimos na maior intimidade e confiança – nos atos de higiene, nos procedimentos médicos e na prática amorosa.

A nudez nos expõe em nossa vulnerabilidade. Muito embora seja verdade que a nudez nos deixa com menos defesas aos ataques físicos do que se estivermos com roupas, a vulnerabilidade que me refiro é maior e de outra ordem. A nudez nos deixa à mercê, no plano mais profundo, dos antigos fantasmas da castração – da angústia decorrente do perigo que ela possa ocorrer ou da humilhação de se exibir já castrado.

Escrevi anteriormente um texto sobre as performances de Spencer Tunick[69], o artista que faz instalações com corpos nus de voluntários convidados a participar do evento. Na ocasião, mencionei a imagem dos corpos nus e amontoados do Holocausto, contrapondo-a com a dos corpos vivos da instalação artística. Lembro esse acontecimento porque a nudez também é um índice de liberdade de escolha. Habitualmente, só nos despimos quando queremos e desejamos. Se isso ocorre contra nossa vontade, configura-se uma situação de violência e constrangimento, agravados por todas as conotações profundas implicadas na exibição de nossos corpos nus, como mencionamos acima.

Por todos esses motivos, a nudez chama nossa atenção. Também fica claro o seu uso nas técnicas de tortura, como forma de debilitar a resistência de prisioneiros. A nudez imposta nos faz regredir psiquicamente. Deixa-nos desvalidos e expostos a alguns de nossos fantasmas mais angustiantes. As roupas estão imbuídas de cargas simbólicas protetoras, pois trazem os emblemas da classe social, do gênero sexual, da identidade profissional, etc. Nus, estamos despo-

---

[69] Vide página 55.

120   **Visita às casas de Freud e outras viagens**

jados daqueles referenciais identificatórios, restando apenas os que estão focalizados diretamente no corpo e, neste, na diferença sexual, o que nos remete de volta à discriminação primeira e imaginária – castrado, não castrado; já castrado, a-ser-castrado.

As fotos do Iraque merecem ainda duas observações.

1) Parece-me um tanto hipócrita a universal indignação com a publicação das fotos de tortura. Por acaso não se sabe que a tortura é usada sistematicamente em todas as guerras? E nas guerras a violência e a destrutividade estão à solta, executando todas as atrocidades que a mente humana é capaz de engendrar. Como lembra Derrida[70] durante as guerras, cria-se a figura jurídica do "inimigo" e, com ela, a permissão legal de assassiná-lo. É verdade que não devemos desprezar o simbólico que torna possível transformar o "inimigo" a ser assassinado num "prisioneiro" ao qual se deve proteger. Mas vê-se que o problema é muito mais amplo.

2) As fotos evidenciam a revolução na comunicação trazida pelas câmeras digitais e pela internet, veiculando com grande facilidade imagens que antes seriam inacessíveis ao público. Essa é uma boa coisa – talvez a única – desse episódio macabro. O pensarmos que o controle da informação próprio dos regimes totalitários e dos estados em guerra fica cada vez mais difícil, permitindo o trabalho daqueles que não se furtam a exercer sua humanidade, mesmo quando esta parece ter desaparecido a seu redor. Não sei bem como as fotos chegaram a público. Mas me agrada pensar que algum soldado, inconformado com a barbárie, o tenha enviado para o mundo como um protesto. Se assim foi, envio-lhe daqui meus comprimentos e solidariedade.

---

[70] Derrida, J. *De que futuro*, Rio de Janeiro: Zahar, 2003, p.112.

De novo e sempre, o mal-estar na cultura[71]

As relações entre a psicanálise e a cultura constituem um tema que me interessa excepcionalmente.

Como sabemos, depois de descobrir o Inconsciente no trato com as histéricas, Freud – em rápida sucessão – constata que suas observações e conclusões são aplicáveis às outras patologias e à própria "normalidade": há um funcionamento psíquico cuja produção escapa totalmente à Consciência e à lógica racional, produção esta que se manifesta na sintomatologia dos "loucos" e nos sonhos dos "normais", e que se expressa através de uma linguagem cifrada até então incompreensível a ponto de ser-lhe negada qualquer significação. Freud organiza então um edifício teórico abrangente, capaz de nele incluir toda manifestação psíquica humana.

Sendo o Inconsciente patrimônio de todo e qualquer ser humano, com tudo o que ele representa de infantil, extemporâneo, atemporal,

---

[71] Palestra conferida na inauguração da Sociedade de Psicoterapia Psicanalítica do Ceará – Fortaleza, junho de 2000. Para a atual publicação foram feitos pequenos acréscimos ao texto original.
Publicado na revista Pulsional n° 150 – 2001.

122   **Visita às casas de Freud e outras viagens**

imutável, esta dimensão vai ter expressão e conseqüências extremamente amplas nas sociedades e nas culturas humanas. As mesmas leis que regem o indivíduo, regem o social.

Assim, em 1913, Freud escreve *Totem e Tabu* e, em 1921, *Psicologia do grupo e análise do eu*. Seu interesse sobre os fenômenos sociais e culturais toma tal vulto que em *Um estudo autobiográfico*, revela que a partir de 1923, tinha abandonado a psicanálise propriamente dita enquanto centro de suas atenções, dedicando o melhor de sua capacidade analítica e reflexiva aos processos de construção e destruição na cultura.

É quando escreve, *O futuro de uma ilusão* (1927), *O mal-estar na civilização* (1930); *Por que a guerra* (1932) e *A questão de uma Weltanschauung* (1932).

Expressam esses textos, a meu ver, a *Weltanschaaung* psicanalítica freudiana, a concepção de mundo vista por sua ótica. Estas obras foram produzidas na velhice de Freud, estando ele já com o câncer que o abateria no final de dezesseis anos de sofrimentos e inúmeras cirurgias. Tinha passado pela Primeira Grande Guerra e observava o retorno do belicismo e do anti-semitismo. Tais fatos davam elementos para que Freud não se sentisse especialmente otimista em relação à humanidade. Mas as idéias ali expressas não devem ser atribuídas ao humor depressivo com que Freud os teria escrito. São decorrências da lógica interna de sua teorização e trazem teses fecundas, que continuam muito atuais.

Muitas vezes ouve-se dizer que não existe uma *Weltanschauung* própria da psicanálise. Penso que essa afirmação tem dois motivos. O primeiro decorre de uma leitura apressada de um dos trabalhos citados acima, a Conferência XXXV, justamente intitulada *A questão de uma Weltanschauung,* a última das *Novas conferências introdutórias sobre psicanálise*, que Freud escreveu em 1932. O outro motivo penso ser decorrente de uma atitude resistencial e defensiva frente ao conteúdo revolucionário e radical que está exposto nestes quatro trabalhos.

De novo e sempre, o mal-estar na cultura **123**

Neles Freud ataca com grande vigor as ilusões mais prezadas pela humanidade, atitude temerária, capaz de polarizar reações negativas. Faz profundas reflexões sobre a determinação inconsciente dos fenômenos políticos vigentes na paz e na guerra, detém-se sobre os aspectos infantilizantes da religião e reafirma as bases da epistemologia psicanalítica, algo sobremaneira pertinente na atualidade, já que a psicanálise se vê acuada pela pecha de "não científica" pela voga das neurociências.

Essas reflexões freudianas sobre a sociedade, de forte conotação política, foram, por certo tempo, relegadas a um segundo plano em decorrência, por um lado, de uma sociologia centrada exclusivamente na economia e, por outro, pelo próprio *establishment* psicanalítico, que se restringiu a uma prática clínica, afastando-se inteiramente da crítica da cultura, função que Freud pensava ser inerente aos psicanalistas.

Felizmente vivemos um momento de grande revitalização dessa área do pensamento freudiano. Grande papel tem nisso a contribuição de Jacques Derrida, que afirma ser impossível, no presente, qualquer pensamento de ordem ética, jurídica ou política que ignore os aportes da psicanálise. Derrida explorou extensamente esse tema em sua conferência de abertura dos Estados Gerais da Psicanálise, em Paris 2000, texto publicado sob o título *Estados d'alma da Psicanálise*.

Vou me deter um pouco sobre a forma como a qual Freud trata a questão da *Weltanschaung*, pois nela estão expostas algumas premissas de sua epistemologia.

O que é mesmo uma *Weltanschauung?* Assim Freud a conceitua:

> Suponho que *Weltanschauung* seja um conceito especificamente alemão, cuja tradução para línguas estrangeiras certamente apresenta dificuldades. [...] *Weltanschauung* é uma construção intelectual que soluciona de maneira uniforme todos os problemas de nossa existência com base em uma hipótese superior dominante, a qual, por conseguinte, não deixa nenhuma pergunta sem resposta e na qual tudo o que nos interessa encontra seu lugar fixo. Facilmente se

124   **Visita às casas de Freud e outras viagens**

compreenderá que a posse de uma *Weltanschauung* desse tipo situa-se entre os desejos ideais dos seres humanos. Acreditando-se nela, pode-se sentir segurança na vida, pode-se saber o que se procura alcançar e como se pode lidar com as emoções e interesses próprios da maneira mais apropriada[72].

Freud logo acrescenta que a psicanálise, não poderia ter sua *Weltanschauung* própria e independente, pois sendo ela um ramo da ciência, seu ramo "psicológico", deve necessariamente compartilhar da *Weltanschauung* que é própria da ciência. É preciso esclarecer, diz Freud, que esta *Weltanschauung* da ciência já diverge bastante da definição antes proposta, na medida em que apesar de pressupor "uma uniformidade da explicação do universo, o faz na qualidade de projeto, cuja realização é relegada ao futuro".

Vou novamente citá-lo, dado a clareza e a importância de suas afirmações. Diz ele:

> Ademais, marcam-na [a esta *Weltanschauung* cientifica] características negativas, como o fato de se limitar àquilo que no momento presente é cognocível e de rejeitar completamente determinados elementos que lhe são estranhos. Afirma [esta *Weltanschauung*] que não há outras fontes de conhecimento do universo além da elaboração intelectual de observações cuidadosamente escolhidas – em outras palavras, o que podemos chamar de pesquisa - e, a par disso, que não existe nenhuma forma de conhecimento derivada da revelação, da intuição ou da adivinhação[73].

Verifica-se que: a) Freud deixa claro que a psicanálise tem sim uma *Weltanschauung*, que é a cientifica, b) ao especificar as características "negativas" da *Weltanschauung* científica, que quase nem

---

[72] Freud, S. Conferência XXXV – A questão de uma Weltanschauung in Novas *Conferencias Introdutórias sobre Psicanálise – Edição Standard – vol. XXII*. Rio de Janeiro: Imago Editora, 1976, p. 193.

[73] Freud, S. – op.cit. , p. 194.

De novo e sempre, o mal-estar na cultura

pode ser assim denominada, Freud faz uma decisiva declaração epistemológica a respeito da produção de conhecimento, estabelecendo a diferença radical entre o conhecimento produzido pela ciência, obtido rigorosamente dentro dos limites do princípio da realidade, e todas aquelas outras produções que são confundidas com o conhecimento, mas que não passam de ilusões decorrentes da realização de desejo, baseadas que são no princípio do prazer.

O conhecimento científico, assim, não pode se apoiar em "revelações", base de todo o "conhecimento" oferecido pelas religiões. O conhecimento científico é fruto de observação e pesquisa da realidade, produzido num longo processo de tentativa e erro, com seus ensaios e correções, comparações, possibilidade de descrição e reprodução em circunstâncias estudadas. As "revelações" são dados que uma suposta divindade oferece e que devem ser acatados sem maiores questionamentos.

O que está implícito em tudo isso é que diferentes *Weltanschauungen* produzem diferentes formas de "conhecimento". Se já citei duas *Weltanschauungen,* a religiosa e a científica, Freud ainda menciona mais duas, a artística e a filosófica. Reconhece, entretanto, que a relação mais problemática é a que se estabelece entre as *Weltanschauungen* científica e a religiosa, pois a artística de antemão se supõe uma ilusão, e a filosófica caminha próximo da *Weltanschauung* científica, equivocando-se apenas por supervalorizar o poder de suas formulações racionais, o que a faz incorrer em graves erros.

Quando Freud diz que das quatro *Weltanschauungen,* a relação mais problemática é a que se estabelece entre a religiosa e a científica, é por reconhecer que aquilo que a ciência oferece para a humanidade é muito pouco e muito severo, se comparado com as onipotentes ofertas proporcionadas pelas ilusões religiosas. Frente às dificuldades da condição humana, com seu desamparo, sua fragilidade, seu desconhecimento, sua perplexidade frente à morte, a religião oferece todas as respostas e reasseguramentos desejados. A ciência, pelo contrário, nos obriga a lidar com o desconhecido e trabalhar para atingir algum conhecimento eficaz, não nos poupando a visão de nossa própria finitude e limitação.

É verdade que somente assim, reconhecendo o desconhecimento e lutando contra ele é que a ciência produz um saber de valor inestimável, pois é através dele que o homem consegue um progressivo domínio sobre a natureza, criando novas facilidades que possibilitam uma melhor qualidade de vida.

Mas para a grande maioria das pessoas, isso é irrisório frente às "certezas" que a religião oferece. Frente ao desamparo e à morte, nossos medos mais arraigados, a religião oferece uma organização que reproduz a situação infantil, onde pais todo-poderosos cuidam de filhos desvalidos, dão todas as respostas, todas as garantias.

Neste ponto central, a religião é o oposto da ciência, representada aqui pela psicanálise. A religião atende aos mais profundos e regressivos anseios inconscientes de proteção e amor, enquanto a psicanálise (a ciência) mostra o infantil e regressivo deste desejo e conclama o homem a lutar com suas próprias forças para superar as dificuldades inerentes à existência. O pensamento científico e o pensamento religioso são antípodas irreconciliáveis, sendo o científico facilmente invadido por aquele outro.

Se podemos estabelecer a diferença entre conhecimento e as ilusões fruto de realização de desejos infantis proporcionados pela religião, não se pode ignorar ou diminuir a extraordinária importância que esta exerce – justamente por este motivo – para a vida humana.

Como está claro, as *Weltanchauungen* cumprem um importante papel defensivo na angústia decorrente do desamparo humano. Com exceção da científica, são estruturas simbólicas que possibilitam a representação de um mundo organizado de acordo com ilusões que amenizam aspectos mais ásperos da realidade da condição humana.

As ideologias que marcaram tão intensamente o nosso tempo podem ser consideradas como *Weltanchauungen*. As ideologias, quer sejam as de direita (os delírios nazistas do "super-homem" da "raça pura ariana") ou de esquerda (a ditadura do proletariado precursora de uma sociedade sem desigualdade social), organizam

De novo e sempre, o mal-estar na cultura 127

todo um modo de ver o mundo e a realidade, veiculam fortes paixões, atendem a fantasias de realização de desejo que determinam modelos ideais de organização social que os aproximam inteiramente da *Weltanschauung* religiosa.

Voltando às *Weltanschauungen*, como se formam estas cosmovisões, estas *Weltanschauungen*, estas ideologias? Já vimos que elas decorrem de fantasias de realização de desejo, com bases na idealização infantil. O sujeito se constitui dentro da família, onde os pais oferecem os modelos básicos de identificação organizatória do aparelho psíquico, veiculando para o filho, juntamente com a linguagem, os valores comuns de sua cultura e aqueles mais específicos, próprios da família. Assim, as cosmovisões e ideologias de cada família serão adotadas ou não pelo filho, em função das identificações ou movimentos opostos a ela, frutos da conflitiva edipiana. Concordando ou não com a *Weltanschauung* dos pais, estes valores serão introjetados, farão parte do ideal do ego e do superego, constituirão importante componente da identidade do sujeito. Esses valores possibilitarão laços sociais, através da formação de grandes grupos geradores de identificação entre seus membros.

Tendo em mente sua participação como componentes da identidade do sujeito, fica claro que eventuais abalos nestas visões de mundo, nestas *Weltanschauungen*, nestas ideologias, possam ter efeitos profundamente desestruturantes para o sujeito em causa, que sente tais abalos como ameaça a sua própria integridade psíquica.

Um exemplo atual disso diz respeito àqueles que – como eu – comungávamos com uma visão política de esquerda e que fomos surpreendidos com as reviravoltas trazidas pela história, fazendo-nos perder referenciais organizatórios idealizados importantes. Isso gera em muitos uma penosa desorientação que é combatida, não poucas vezes, com um cego aferrar-se à situação anterior, a um negar a realidade atual. Penso que somente elaborando-se o luto por essas formações ideais se recuperará a capacidade de propor novos modelos de mudança, diferentes daqueles que a realidade demonstrou serem inexeqüíveis.

128 **Visita às casas de Freud e outras viagens**

É necessário entender que se a solução pensada para os problemas sociais (revolução, ditadura do proletariado, etc.) se mostrou inadequada, isso não faz com que fique anulada a visão crítica das distorções do capitalismo que geram a injustiça social, não faz vencedora a ideologia de direita.

De certa forma, a depressão causada pela perda do sonho de poder mudar o mundo, de ter um papel ativo na construção de um mundo melhor, é importante componente do mal-estar da cultura hoje em dia. Joel Birman[74] atribui a essa conjuntura papel importante na atual crise da psicanálise. Diz ele que se nos anos 60 se acreditava que era possível mudar o mundo externo com a revolução, também se acreditava que era possível mudar o mundo interno com a psicanálise. Como o primeiro se revelou impossível, isso desencadeou uma descrença na segunda possibilidade.

Para seguirmos o que Freud chama de "o mal-estar na civilização", talvez seja interessante lembrar como ele entende a instauração da cultura na humanidade – a maneira pela qual saímos da natureza animal e ingressamos na cultura. Freud propõe, em *Totem e tabu*, um relato mítico onde descreve o nascimento da lei primordial que nos resgata da pura animalidade. O mito freudiano mostra a existência de uma horda primitiva comandada por um pai violento e poderoso que protege a todos com sua força e exerce o poder absoluto, expulsando os filhos que o ameaçam, apropriando-se de todas as fêmeas. Um dia, os filhos se reúnem, matam-no e o comem num banquete totêmico, com o intuito de incorporar sua força e retê-lo, já que eram ambivalentes em relação a ele – não só o odiavam, mas também o amavam. Com o passar do tempo, os filhos se sentem culpados, reprimem o assassinato do pai e firmam um pacto de não agressão entre si, estabelecendo que nenhum deles pode ambicionar ocupar lugar que fora do pai e, se o tentar, será morto. Depois disto, instauram o tótem como representante simbólico do morto – o animal totêmico que será abatido ritualmente uma vez

---

[74] Birman, Joel *Mal-estar na Atualidade*. Rio de Janeiro: Civilização Brasileira, 1999, p. 82.

De novo e sempre, o mal-estar na cultura **129**

por ano. Para aliviar o remorso e a culpa, os filhos identificam-se entre si, reforçam seus vínculos de amor e amizade e intensificam o respeito à antiga vontade paterna, contra a qual se tinham rebelado e que é agora internalizada e transformada em lei. São organizados os tabus, as proibições, e, entre elas, a mais importante – o tabu do incesto. Mais tarde, assustados e temerosos, nostálgicos pela proteção outrora recebida do pai, passam a cultuá-lo e idealizá-lo na figura do tótem, inaugurando assim o sentimento religioso. O banquete totêmico sintetiza simbolicamente o assassinato do pai e o amor dos filhos para com ele.

Em *Totem e tabu* estão a gênese da religião e da organização política, a explicação de porque tanto tempo o poder secular (o estado) e a religião estiveram juntos, união somente desfeita com a Revolução Francesa.

Ao estudar a formação das grandes massas modernas e de seus líderes, Freud identifica ali o retorno do reprimido, a volta da psicologia da horda primitiva regida por um pai tirânico e onipotente.

O processo de instalação da cultura aqui descrita em termos míticos é visto na clínica através do estabelecimento do complexo de Édipo.

Freud retomará e ampliará essas idéias em *O Mal-estar na civilização*. Ao explicar a gênese do "sentimento oceânico" para Romain Roland – que nele via indícios de um anseio pelo eterno, a origem do sentimento religioso – Freud afirma ser ele uma mera repetição do sentimento de plenitude vivido pelo bebê antes da separação de sua mãe, marca da definitiva e inevitável ferida narcísica que nos faz surgir como sujeitos desejantes, para sempre cientes da falta.

Freud lembra que a existência humana busca alcançar o prazer e fugir da dor, objetivos nem sempre atingíveis, decorrendo daí que o homem está muito mais propenso a vivenciar a infelicidade. Descreve três fontes do sofrimento humano – a violência da natureza, a fragilidade de nosso corpo e as dificuldades das relações interpessoais. Salienta que as duas primeiras independem de nossa vontade, o que não acontece com a terceira. As relações humanas poderiam ser uma fonte de refrigério frente às inevitáveis calamidades que a vida trás, mas, na verdade, são fonte de grande sofrimento para todos. É necessário um rígido controle dessas relações, pois somos como porcos-espinhos – precisamos nos unir, mas a proximidade é quase impossível sem ferimentos recíprocos. Há um grande mal-estar nas relações sociais.

As relações humanas são regidas pela lei. É aí que lembramos do mito da horda primitiva. O mal-estar decorre do sentimento de culpa do assassinato primordial do pai, ato que tornou possível a convivência em grupos pelo estabelecimento da lei – o impedimento que proíbe a livre manifestação da agressividade e da sexualidade, banindo e punindo o assassinato e o incesto. A agressão desimpedida e a libido também sem restrições tornariam a vida inviável em sociedade. A civilização, diz Freud, repousa necessariamente na repressão dessas duas grandes forças pulsionais, daí seu permanente e estrutural "mal-estar".

Em *O mal-estar na civilização*, Freud afirma que na pulsão destrutiva, agressiva, advinda da pulsão de morte, está o maior perigo à civilização. Além da identificação e das relações amorosas, a única forma de contornar, controlar e reprimir a agressividade humana é através de sua internalização. Desta forma, ao invés de ser dirigida para fora, a agressão se volta para dentro de cada um de nós. Isto se dá através da ambivalência do complexo de Édipo reforçada pela pulsão de morte, pelos processos de identificação, responsáveis pela formação do super-ego, que – entrando em tensão com o ego – estabelece o sentimento de culpa.

O mal-estar da civilização é o preço de vivermos em sociedade, reprimindo a sexualidade e a agressividade. O mal-estar é estrutural, próprio dos processos de organização do psiquismo do homem, do fato de a existência humana não ser regida pelas leis da natureza.

Sendo assim, vê-se que o mal-estar independe das estruturas sociais externas. É necessário que os pensadores e líderes políticos e sociais tenham conhecimento desse fato, pois isso permitiria o planejamento de mudanças e reformas sociais mais realísticas e menos custosas do ponto de vista humano.

De novo e sempre, o mal-estar na cultura 131

Foi por esse motivo que Freud viu com grande ceticismo as afirmações do marxismo praticado pela Revolução Russa que, supervalorizando a importância dos fatores econômicos na organização social humana, acreditava estar construindo um homem novo ao abolir a propriedade privada, tida como a corruptora de sua natureza originalmente boa.

Diz Freud:

> A agressividade não foi criada pela propriedade. Reinou quase sem limites nos tempos primitivos, quando a propriedade ainda era muito escassa, e já se apresenta no quarto das crianças, quase antes que a propriedade tenha abandonado sua forma anal e primária; constitui a base de toda relação de afeto e amor entre as pessoas (com a única exceção, talvez, do relacionamento da mãe com seu filho homem). Se eliminamos os direitos pessoais sobre a riqueza material, ainda permanecem, no campo das relações sexuais, prerrogativas fadadas a se tornarem a fonte da mais intensa antipatia e da mais violenta hostilidade entre homens que, sob outros aspectos, se encontram em pé de igualdade[75].

A agressividade e alguns aspectos anais e primários da propriedade se assentam no arcaico desejo de posse do objeto amoroso, da posse do outro, dialética que se instala nos momentos de estruturação do sujeito. São sentimentos que não são abalados por mudanças superestruturais. Além do mais, a idéia de que a distribuição eqüitativa da propriedade seria possível, de que com isso se poria fim às diferenças entre os homens, base das lutas, lembra Freud, não passa de uma fantasia, de um desejo distante da realidade. Diz ele:

> Quem quer que tenha provado as desgraças da pobreza em sua própria juventude e experimentado a indiferença e a arrogância dos abastados, deveria achar-se a salvo da suspeita de não ter

---

[75] Freud, S. *O Mal-estar na Civilização – Edição Standard – Vol. XXI*. Rio de Janeiro: Imago Editora, 1974, p. 135.

132   Visita às casas de Freud e outras viagens

compreensão ou boa vontade para com os esforços destinados a combater a desigualdade de riqueza entre os homens e tudo a que ela conduz. Certamente, se se fizer uma tentativa para basear esta luta numa exigência abstrata, em nome da justiça, da igualdade para todos os homens, existirá uma objeção muito óbvia a ser feita: a de que a natureza, por dotar os indivíduos com atributos físicos e capacidades mentais extremamente desiguais, introduziu injustiças contra as quais não há remédio. (grifos meus)[76].

Ou seja, a forma absolutamente aleatória e injusta com que a natureza distribui os dons de beleza e inteligência continuaria gerando privilegiados e desprivilegiados, mantendo motivos para a competição, a rivalidade, a inveja e a luta entre os homens.

Sendo o mal-estar estrutural, independente das organizações sociais, implicaria isso um niilismo político freudiano? Todos os modelos políticos sociais seriam igualmente enganosos e ilusórios? Tanto faz um regime totalitário como uma democracia? Mais ainda, sendo o mal-estar estrutural, implicaria também um niilismo terapêutico da psicanálise?

Claro que não, pois ao acreditar que a única salvação do homem está na aceitação da civilização como uma de nossas maiores conquistas e, dentro dela, a *Weltanschauung* científica, Freud disto faz decorrer uma série de conseqüências das mais importantes, pois esta *Weltanschauung* só pode ser estabelecida se o Estado tiver interesse em educar as massas, der oportunidades para seu crescimento e desenvolvimento, afastando-as da ignorância e do obscurantismo. É necessário, pois, um Estado iluminista, que permita o crescimento intelectual de seus cidadãos, para que possam desenvolver suas potencialidades ao máximo, afastando-os de uma tutela infantilizadora e castradora. Neste novo iluminismo, evidentemente, se inclui o conhecimento da importância do inconsciente e de sua presença em todo ato humano.

---

[76] Freud, S. *op.cit.*, p. 135.

De novo e sempre, o mal-estar na cultura 133

Uma posição igualmente lúcida e crítica é defendida por Freud frente ao problema da guerra, quando diz que se deve levar em conta a inelutável agressividade do ser humano, sem que se tenha ilusões ou pretensões de negá-la ou extirpá-la. Devemos contorná-la com mecanismos culturais, com a escolha de líderes capazes e com nossa luta pelo pacifismo.

Freud tinha Hitler em mente ao estudar o papel do líder na formação das grandes massas políticas modernas e vincular o fenômeno à regressão do grupo à psicologia da horda primitiva, mas podemos pensar que isso é vigente mesmo em tempos de paz nas democracias ocidentais, quando o grupo se deixa levar pelo canto de sereia dos políticos, abdicando de autonomia e fazendo escolhas regidas pelo desejo nostálgico inconsciente de se pôr sob a proteção do grande pai da horda primitiva. Somente isso poderia explicar como eleitores bem informados possam eleger líderes corruptos e incompetentes.

Do ponto de vista terapêutico, a postulação do mal-estar tampouco paralisa Freud. Ele sustenta que somente ao superar as amarras narcísicas onipotentes, o que possibilita o assumir sua verdadeira dimensão trágica de ser-para-morte, o homem pode desabrochar plenamente em todas as suas possibilidades.

Se Freud criticava a crença alimentada pelos líderes da União Soviética de que o final da propriedade privada acabaria com a agressividade, sem reconhecer que esta tem bases mais profundas, assentadas na posse do objeto amado, na analidade, o que pensaria ele hoje da sociedade capitalista, onde a "propriedade privada" não só se mantém, como se concentrou ainda mais nas mãos dos privilegiados e é também multiplicada ao infinito e estilhaçada sob a forma de "objetos de consumo", cuja aquisição é estimulada incessantemente pela mídia e pela propaganda, fetichizando-a a mais não poder? A ilusão alimentada pela ideologia é que consumir, comprar, ter a propriedade dos mais diversos objetos trará a felicidade, a desejada completude narcísica perdida.

O que diria de nossa sociedade atual, denominada por Debord como "sociedade do espetáculo"? Essa sociedade onde o poder –

134 **Visita às casas de Freud e outras viagens**

seja qual for sua inclinação – para se perpetuar em sua situação de privilégio instala o "espetáculo", no qual a realidade é escamoteada pela manipulação das massas através da mídia e da propaganda, tornadas onipresentes e oniscientes, ambas a venderem ilusões e mistificações? Nesta sociedade, a mídia, em aparente pletora de informação, na verdade desinforma de maneira sistemática, na medida em que não expõe, ou o faz de forma distorcida, aquilo que efetivamente interessa saber e informar. Ambas - midia e propaganda – se empenham em fragmentar o raciocínio lógico e destruir a noção de história, promovendo um eterno e autônomo presente, na ignorância ou na negação de um passado ligado ao futuro. Nesta sociedade, a irracionalidade a tudo permeia, a produção econômica é regida por demandas artificialmente criadas e a única lógica vigente é a do poder, que usa de todos os recursos para se perpetuar. "O espetáculo confundiu-se com a realidade, ao irradiá-la", diz Debord.

Claro que tudo isso está muito longe dos pressupostos sustentados pela *Weltanschauung* científica, psicanalítica, em sua luta contra a ilusão. Aqui tudo alimenta a ilusão, tudo conspira contra a verdade.

Falamos antes como o acesso à realidade é difícil em função das ilusões decorrentes da realização de desejo, ilusões que – por sua vez – organizam-se em *Weltanschauungen*, das ideologias, religiões. O que Debord acrescenta com grande clareza é a forma como o poder – seja ele qual for – não tem interesse em proporcionar o acesso das massas à efetiva compreensão da realidade, coisa que inevitavelmente colocaria em risco seus privilégios. Para tanto, o poder manipula incessantemente as *Weltanchauungen* moldando-as dentro de seus interesses.

Por dificultar o acesso à realidade, por alimentar sistematicamente ilusões, por negar a castração simbólica, essa "sociedade do espetáculo" dá margem ao que muitos chamam de "novas formas de subjetivação", que poderiam ser entendidas como novos transtornos de caráter, os transtornos de ordem narcísica, as personalidades *borderline*.

De novo e sempre, o mal-estar na cultura

Birman[77] afirma que as "depressões", "síndromes do pânico" (essas duas grandes vedetes dos consultórios atuais) e as toxicomanias decorreriam da frustração narcísica. A necessidade de manter a satisfação narcísica alimentaria o narcotráfico e a própria ênfase atual da psiquiatria na farmacologia, a seu ver, seria uma contrapartida, um movimento próximo ao do narcotráfico, por enfatizar a crença na possibilidade de rápidas e fáceis satisfações quimicamente condicionadas, ignorando a importância do mundo simbólico do paciente.

Vejo a grande incidência dos distúrbios narcísicos atuais de uma forma um tanto diferente. Se entendermos o narcisismo como o momento de fusão com o objeto primário, as disfunções narcísicas apontam para a existência de sujeitos nos quais a castração simbólica não operou adequadamente, deixando-os numa atitude de permanente adição frente a suprimentos narcísicos dos quais não podem abrir mão, sem os quais não podem subsistir. Esses suprimentos narcísicos poderão ser fornecidos pela droga ou pelo outro, ao qual há uma aderência, uma dependência fusional pouco reconhecida. Nesses casos não há o reconhecimento de uma efetiva alteridade, pois o sujeito não se discrimina inteiramente do objeto, está nele entranhado sem o reconhecer e sem se reconhecer. Aparentemente ele "usa" o outro, na verdade dele necessita vitalmente, não poderia existir sem ele.

Ao lado da superestrutura constituída pela "sociedade do espetáculo", que outras explicações teríamos para o aparente aumento destas patologias narcísicas? Seria – como muitos dizem – a decadência do nome-do-pai, da lei, o que resultaria numa castração simbólica evitada? A família – por vários motivos – não estaria mais exercendo sua função primordial de lugar onde se estrutura a subjetividade, onde se constitui o sujeito humano, onde a função materna e a função paterna tomam corpo e são exercidas, pro-porcionando as matrizes identificatórias essenciais, mediando os padrões culturais da sociedade para as novas gerações?

---

[77] Birman, J. *op.cit.*, p. 192, 233-249.

136   Visita às casas de Freud e outras viagens

Como já foi dito, esse mundo da patologia narcísica é largamente alimentado pela "sociedade do espetáculo". A mídia, especialmente a todo-poderosa televisão, nos bombardeia ininterruptamente com imagens de sucesso sexual e financeiro, mostrando um novo Olimpo, onde desfilam os atuais deuses cheios de beleza, juventude, dinheiro e fama. Ela promete o acesso a este Olimpo, desde que sigamos suas instruções de consumo, insistentemente propagadas através da publicidade. Isso tem um efeito altamente nocivo. Sabemos que a publicidade em si é enganosa, é uma falácia. Para vender seu produto, apela para a fantasia de todos, promete a realização de secretos desejos inconscientes. Sabemos de tudo isso, mas, como diz Mannoni[78], "mesmo assim", seguimos as instruções de consumo, na impossível esperança de atingir o paraíso prometido. Quando se esgota a denegação e a realidade se impõe, resta apenas uma grande frustração com as promessas não cumpridas, um aumento das feridas narcísicas, um imenso incremento da inveja frente aos felizes habitantes do Olimpo.

Dizendo de outra forma, a televisão impõe padrões narcísicos irrealísticos veiculados massivamente através da publicidade, frente aos quais todos nós reagimos desenvolvendo uma forma perversa de pensar, como disse Mannoni..

Frente ao narcisismo inevitavelmente ferido pela realidade, só nos restam duas alternativas. A primeira é a tentativa desesperada de restaurá-lo, numa insana procura de subsídios narcísicos. Drogas, relações fusionais, negação da alteridade, intolerância, projeção do insuportável, o querer acreditar que tudo se resolve fácil e rapidamente. Às vezes me parece que a psiquiatria, como diz Birman, talvez inadvertidamente, entre por esta via, acreditando tudo poder fazer com as drogas, dispensando a dimensão humana, subjetiva, simbólica do paciente. Todas estas medidas estão intrinsecamente ligadas à forma de funcionamento da "sociedade do espetáculo".

---

[78] Mannoni, O. *Chaves para o Imaginário*. Rio de Janeiro: Vozes, 1973, p. 9.

De novo e sempre, o mal-estar na cultura 137

A outra alternativa é a aquela que a psicanálise oferece, indo na contramão do espírito do tempo, nadando contra a atual maré, afrontando a "sociedade do espetáculo". É proporcionar o confronto com a inevitável ferida narcísica da castração, única via para uma integração maior do psiquismo e um contato mais efetivo com a realidade interna e externa de cada um. Não deve nos produzir muita surprêsa, constatar que os compradores de ilusão, e eles são legião, não se interessam muito por tal mercadoria.

Ao ser abordada a questão do mal-estar na cultura, não se pode esquecer o grave problema da exclusão social. Os bolsões de miséria abandonados pelo Estado muitas vezes são regidos pela psicologia da horda primitiva, sujeitos à lei arbitrária do mais forte, experimentando situações onde as funções paterna e materna não podem ser exercidas adequadamente, o que nos mostraria como os efeitos da exclusão são mais terríveis do que poderíamos supor. Um bom exemplo disso seria o filme *Cidade de Deus,* de Fernando Meirelles.

A verdade e
o discurso de políticos

Debord, em sua lúcida descrição do que chama a "sociedade do espetáculo", diz que uma das formas usadas pelo poder para manter-se e para alienar as massas, é a criação de um presente "eterno", onde não está ele ligado a um passado nem dirigido a um futuro. Com isso se pretende abolir a história e destruir o pensamento lógico, que possibilita conexões de causa e efeito, elementos que o poder deseja evitar pelo potencial contestatório neles implícito. Diz Debord:

> Busca-se a dissolução da lógica, de acordo com os interesses fundamentais do novo sistema de dominação, por diferentes meios que sempre se apoiaram reciprocamente nessa ação[79].

Tais idéias me acodem à mente sempre que leio no jornal notícias sobre nossos políticos. Essa leitura me faz constatar uma quase sistemática dissociação entre o discurso dos políticos e os fatos da

---

[79] Debord, Guy *A Sociedade do Espetáculo*. Rio de Janeiro: Editora Contraponto, 1999, p. 187.

140 **Visita às casas de Freud e outras viagens**

realidade. O que caracteriza o discurso do político, de modo geral, é ser ele um discurso sem nenhum compromisso com a verdade, que visa exclusivamente a consecução de objetivos pragmáticos ligados à conquista do poder e a sua permanência naquele privilegiado lugar.

Na "sociedade do espetáculo" cada vez mais menos importam os fatos. O que conta realmente são as versões, as imagens, os simulacros. Essa situação é facilitada pelos desenvolvimentos das midias eletrônicas e pelo uso generalizado das chamadas "pesquisas de opinião pública". A preocupação primordial do político não é com a verdade, a realidade ou a legitimidade inerentes aos fatos veiculados pela mídia como informação. Sua preocupação é avaliar a resposta do público a essas informações através das pesquisas de opinião. É a partir dessa reação do público, ou seja da imagem que o público faz do ocorrido , que o político irá agir.

Essa é a base da propaganda política e da publicidade comercial. Distante da verdade, os discursos próprios dessas produções miram objetivos específicos – o acesso ao e a permanência no poder, por parte dos partidos políticos e o aumento do consumo, por parte da indústria e do comércio.

Seguindo essa lógica, entendemos porque os governos investem tanto em propaganda. Vejamos um exemplo hipotético como ilustração. Vamos supor que haja uma queixa da população pela forma negligente com a qual o estado trata a questão da educação. Frente a essa queixa, os políticos da oposição irão manipulá-la com o intuito de enfraquecer a situação; a situação procurará negar qualquer veracidade da queixa, criando para tanto uma campanha publicitária. Ou seja, oposição e situação não se preocupam em resolver a questão em si, em avaliar a adequação e veracidade da queixa da população. O que importa é a luta pelo poder. A oposição procurará se fortalecer e a situação vai criar, através da propaganda, um mundo fictício que afirma o contrário do que ocorre na realidade – serão produzidas peças publicitárias que mostram alunos impecáveis, em escolas magníficas, com alegres e bem dispostas professoras. Essa situação de total distanciamento da verdade nos faz viver num simulacro de realidade.

A verdade e o discurso de políticos

Diz Baudrillard:

> Quando as coisas, os signos, as ações, são libertadas de sua idéia, de seu conceito, de sua essência, de seu valor, de sua referência, de sua origem e finalidade, entram então numa auto-reprodução ao infinito. As coisas continuam a funcionar, ao passo que a idéia delas já desapareceu há muito. Continuam a funcionar numa indiferença total a seu próprio conteúdo. (...) mas as conseqüências dessa dissociação podem ser fatais. Qualquer coisa que perca a própria idéia é como o homem que perdeu a sombra – cai num delírio em que se perde[80].

A relação do discurso do político com a verdade leva a extremos um problema que está longe de ser novo. É apenas a versão atual e circunstancial de uma questão muito mais ampla e universal, que diz respeito às relações entre a palavra e a verdade, problema examinado com detalhe pelos gregos entre os séculos VI e V antes de Cristo[81].

Os gregos consideravam que existia uma palavra sagrada portadora da verdade, *Alétheia*, só acessível ao aedo, ao poeta sagrado, que a ela chegaram após beber nas fontes de Mnemósine e do Lethes, da memória e do esquecimento. A *Alétheia* era o não esquecimento das verdades apreendidas no mundo dos deuses, para tanto estando o poeta esquecido das agruras da vida humana. Era uma verdade velada, cujo acesso era da maior importância.

Em contraposição à *Alétheia*, se organizava *a Doxa*, a Opinião. *A Doxa*, a Opinião, foi desenvolvida pelos sofistas, que dessacralizaram a palavra, desvincularam-na dos deuses e da verdade, deram-lhe um estatuto humano, transformando-a num instrumento de persuasão em prol de interesses em conflito. Isso deu nascimento à dialética, ao diálogo. Mas rompeu de uma vez por todas a mítica relação da palavra com a verdade.

---

[80] Baudrillard, J. *A transparência do mal*. Campinas: Papirus Editora, 7ª. Edição, 2003, p.12.

[81] Garcia-Rosa, Luis Alfredo. *Palavra e verdade na filosofia antiga e na psicanálise.* Rio de Janeiro: Jorge Zahar Editor, 1990.

142 **Visita às casas de Freud e outras viagens**

Alétheia foi abandonada. A palavra então procurava persuadir, levar os interlocutores a concordarem com determinados pontos de vista que, obviamente, diziam respeito a interesses em jogo, sem nenhuma preocupação em expressar a verdade. Como a Opinião não tinha outro sustentáculo além da persuasão, muitas vezes esta degenerava em coação ou pura violência. Platão tentou resolver a questão, estabelecendo uma diferença entre *Doxa* (Opinião) e *Episteme* (Conhecimento). *Doxa*, a Opinião, diz respeito à certeza subjetiva sobre determinado tema e *Episteme*, ao conhecimento objetivo sobre esse tema.

Se os antigos gregos já estavam atentos ao problema, ele só fez crescer no correr da história, na medida em que a circulação da informação foi-se intensificando e ampliando, até a implantação dos atuais poderosos e onipresentes meios de comunicação de massa.

Supostamente esses meios de comunicação de massa deveriam ilustrar o maior número possível de pessoas, darem-lhes informações necessárias para o exercício de suas vidas privadas e em sociedade, ajudando-as a exercer uma presença política eficaz e pertinente dentro da democracia.

Mas o que é a "informação"? Estaria ela mais vinculada à *Alétheia* ou à *Doxa*? Indubitavelmente, a informação é a *Doxa* levada às últimas conseqüências. Não está ela preocupada em expressar a verdade. A informação está sempre enviesada pelos inevitáveis interesses em jogo. A informação, portanto, é a matéria prima da *Doxa*, é a Opinião executando seu trabalho de persuasão, defendendo os interesses econômicos que financiam os grandes meios de comunicação de massa.

A *Doxa* tem sua versão mais refinada na propaganda, a publicidade. É a forma sutil de persuasão usada nas democracias ocidentais para alimentar o grande capital, criando falsas demandas, instituindo a civilização do consumo, assim como possibilitando as manipulações políticas do poder. Nos países totalitários, a propaganda política foi implacável e impôs à força bruta a *Doxa* oficial, a ortodoxia do partido.

A verdade e o discurso de políticos

Em ambos os casos, o resultado é o que Debord chama de "desinformação" sistemática, imposta deliberadamente pelo poder[82].

Platão mostra sua repulsa frente à prevalência da *Doxa* (Opinião) em detrimento de *Aletheia* (verdade) ou *Episteme* (conhecimento) num trecho famoso de sua *República*, quando a chama de "Grande Animal".

Diz ele:

> Que cada um desses particulares mercenários, a quem essa gente chama de sofistas e considera como rivais, nada mais ensina senão as doutrinas da maioria, que eles propõem quando se reúnem em assembléia e chamam a isso ciência. É como se uma pessoa, que tenha de criar um animal grande e forte, aprendesse a conhecer suas fúrias e desejos, por onde deve aproximar-se dele e por onde tocá-lo, e quando é mais intratável ou mais meigo, e por quê, e cada um dos sons que costuma emitir a propósito de cada coisa, e com que vozes dos outros se amansa ou irrita, e, depois de ter adquirido todos esses conhecimentos com a convivência e com o tempo, lhes chamasse ciência e os compendiasse, para fazer deles objeto de ensino, quando na verdade nada sabe do que, dessas doutrinas e desejos, é belo ou feio, bom ou mau, justo ou injusto, e emprega todos esses termos de acordo com as opiniões do Grande Animal, chamando bom àquilo que ele aprecia, mau o que ele detesta, mas sem ter nenhuma outra razão para tanto, antes designando por justo e belo o inevitável, porquanto nunca viu qual é a diferença essencial entre a natureza da necessidade e a do bem, nem é capaz de a apontar a outrem[83].

Como se vê, é um texto extremamente atual, na medida em que nossas sociedades pós-modernas levam a Doxa a extremos nunca dantes imaginados – a toda poderosa "opinião pública". Os políticos tentam formá-la, manipulá-la, usá-la ou a ela se submetem, processos

---

[82] Debord, Guy, *op. cit.*, p. 201-207.

[83] Calasso, Roberto *Os 49 degraus*. São Paulo: Companhia das Letras, 1997, p. 65.

144   Visita às casas de Freud e outras viagens

que nada tem a ver com a preocupação com *Alétheia* (verdade) ou com a *Episteme* (conhecimento).

Muito antes de Debord descrever a sociedade do espetáculo, a assustadora presença da Doxa na sociedade fora detectada por Karl Kraus, escritor satírico austríaco que Freud muito admirava, citando suas *boutades* e trocadilhos em seus trabalhos. Durante quase trinta anos, Kraus manteve seu pequeno jornal *Die Fackel* (A Tocha), no qual procurou mostrar as distorções da linguagem e da lógica perpetradas pela imprensa austríaca, em nome dos interesses do poder.

Dele disse Benjamim:

> Sem se deixar reconhecer, como Harum-Al-Rashid, ele vigia de noite as construções linguísticas dos jornais e, por trás da rígida fachada das frases feitas, espia seus interiores, descobre nas orgias da "magia negra" o estupro, o martírio ds palavras[84].

Como diz Calasso em seus instigantes ensaios, Kraus apontou uma das poucas formas, senão a única, de combater a *Doxa* imperante, evidenciando sua fraudulenta essência, fazendo com que surja o conhecimento e a verdade: a análise sistemática da linguagem[85].

Uma outra forma de combater a *Doxa* é o pensamento psicanalítico. Ele trouxe importantes e novas contribuições para a compreensão das vinculações complexas entre palavra e a verdade.

A psicanálise descobriu que a verdade do desejo do sujeito encontra-se escondida e só é encontrada após um longo trabalho de busca e desvelamento, tal como a antiga *Alétheia*. O próprio sujeito a desconhece, cercado que está de "opiniões", da "*Doxa*" do Outro (alienação no Outro). Desta forma, a procura da verdade feita pela psicanálise tem um trajeto muito próprio, numa inédita combinação de *Alethéia* e *Doxa*, produzindo a verdade única do inconsciente.

Diz Garcia-Roza:

---

[84] Calasso, Roberto, op.cit., p.69.
[85] Calasso, Roberto, op.cit., p.66.

A verdade e o discurso de políticos

Freud recupera, assim, a via da opinião (*doxa*) que havia sido rejeitado pelo discurso conceitual, e o faz não no sentido de mostrar que verdade e erro não são excludentes, posto que é precisamente na dimensão do erro e do equívoco que a verdade faz sua emergência. Enquanto produtor de um discurso teórico conceitual, ele se insere na tradição platônico-aristotélica, mas enquanto produtor de uma prática clínica que lida sobretudo com a ambigüidade da palavra, ele se inscreve numa tradição sofística. O psicanalista é esse "*dikranoï*" que se situa no cruzamento dos dois eixos – da verticalidade e da horizontalidade – com o olhar e a escuta voltados simultaneamente para as alturas platônicas e para a horizontalidade dos aconte-cimentos, à espreita das irrupções do inconsciente. O que Freud faz é recuperar o valor da palavra ambígua, da palavra sem sentido, ao mesmo tempo que revela, oculta a verdade, e faz isso sem sacrificar o rigor conceitual de sua construção teórica. Mistura de aedo e sofista, ele redimensiona o estatuto da palavra e da verdade"[86]. (p. 117)

Assim, do ponto de vista individual, o sujeito vive uma *Doxa*, uma Opinião de si mesmo, que é o desejo do Outro, no qual está alienado. Sua verdade, sua *Alethéia*, seu *Episteme*, lhe são desconhecidos. Trabalhando o discurso, o analista desmonta a *Doxa* e deixa entrever a verdade de seu desejo. Ao fazer isso, possibilita que, a nível social, o sujeito também desmonte os discursos do poder – *Doxas* – e procure atrás deles a *Alethéia*, o *Episteme* da efetiva realidade.

---

[86] Garcia-Rosa, L. A. *op. cit.*, p. 117.

Visita às casas de Freud: uma ficção freudiana*

O analista jamais duvidou que um dia iria a Viena. Para ele, como para todos os analistas, Viena é uma espécie de pátria espiritual, moldura necessária da descoberta do Inconsciente, o berço da psicanálise. Viena está irremediavelmente ligada ao nome de Freud.

Pois finalmente o dia chegara e o analista ia, com sua mulher, para Viena. Um pouco antes de viajar, lera alguns capítulos do livro de Schorske[87], principalmente aqueles sobre os projetos urbanísticos que trouxeram grandes mudanças à cidade em meados do século passado. O mais impressionante deles fora a transformação do milenar fosso que isolava dos demais bairros a cidade velha – onde estava o núcleo do poder e a residência imperial – num complexo de grandes avenidas e edifícios monumentais (a Universidade, o Parlamento, os Museus de História da Arte e Natural, as igrejas, etc), o chamado *Ring*.

---

* Em 1978, Octave Mannoni escreveu sete interessantes narrativas às quais chamou de "Ficções freudianas" (*Ficções freudianas*, Rio de Janeiro: Livraria Taurus Editora, 1993).

[87] *Viena fin-de-siècle – Política e Cultura* – Carl E. Schorske, Companhia das Letras / Editora da Unicamp, São Paulo, 1988.

Publicado na revista *Pulsional*, maio 1999, n° 121

148 Visita às casas de Freud e outras viagens

Anos antes, o analista vislumbrara Viena no filme de Carol Reed, *O Terceiro Homem*. Ali estava ela em escombros, humilhada sob a poeira dos bombardeios e o tacão das potências aliadas, pagando a crime de sua cumplicidade com Hitler. Mesmo assim, encantadora. O analista imagina como a encontrará.

Cinqüenta anos depois do filme de Reed, o analista e sua mulher encontram uma esplendorosa Viena que exibia um esteticismo tão arrebatado em sua organização espacial que a fazia parecer mais um produto de cenógrafos do que de arquitetos e urbanistas. Viena parecia um magnífico palco de grandiosas óperas. Andando por suas ruas e avenidas, o analista se imaginava andando num cenário teatral.

Essa sensação se manteve enquanto andavam de *fiaker* pelo Ring, enquanto perambulavam pela Graben e pela Kärntner Strasse, enquanto visitavam os museus, o Burg, as igrejas, os parques, o Palácio Schönbrunn, os monumentos art-nouveau da Secessão – os pavilhões de Karlplatz, portais do Stadtpark, o mural Beethoven de Klimt, os tradicionais cafés Central, Landtmann e Hawelka, os restaurantes. Viram muitos lugares impressionantes.

No dia antes de deixarem Viena, foram ver o Museu Freud. Somente então o analista se deu conta que deixara para a última hora aquela visita.

Para continuar usufruindo da beleza da cidade, resolveram ir a pé, apesar de estar o Museu Freud não tão perto do hotel situado atrás da Peterskirsche. Atravessaram a grande avenida do Schottenring, pegaram depois a Währinger Strasse, de onde sai a longa ladeira da Berggasse, à procura do número 19, a casa de Freud.

O modesto prédio de Freud, com sua fachada um tanto pretensiosa fez o analista lembrar dos comentários de Schorske sobre a preocupação da burguesia vienense do século passado com a aparência de seus edifícios.

Como o prédio está ocupado normalmente, o visitante deve tocar a campainha do apartamento de Freud para ser autorizado a subir ao primeiro andar. Antes de entrarem, o analista pediu que sua mulher tirasse algumas fotos na frente do prédio. Traspassada a grande

Visita às casas de Freud uma ficção freudiana **149**

porta, viram-se num discreto vestíbulo de onde saía a escada, que tentava ter uma certa imponência.

O analista não ignorava que a maior parte dos pertences de Freud fora levada para Londres, cidade que o acolheu quando precisou deixar uma Viena cúmplice dos nazistas. Tal retirada só fora possível graças às gestões da Princesa Bonaparte junto à embaixada americana, que pressionara os alemães. Freud conseguira sair com mulher e filhos. O mesmo não acontecera com suas irmãs, mortas em campos de concentração.

Ao entrarem no apartamento, dirigiram-se a uma sala onde estavam os funcionários, que lhes deram um livreto de orientação para a visita. Como não havia uma versão em português, escolheram um em espanhol.

Ali no apartamento estava apenas a sala de espera intacta, com os móveis estofados, as gravuras, a mesa. Parecia uma sala de visita pequeno-burguesa, extremamente convencional. Na mesinha de centro havia um grande álbum de vistas, postais de cidades. Numa das paredes, uma janela dava para um pequeno pátio.

O analista se emocionou ao pensar que um dia naquele mesmo lugar, olhando daquela janela para o pátio, aguardando sua hora, estiveram o Homem dos Ratos, o Homem dos Lobos, Dora, os míticos pacientes de Freud. Lembrou ainda: naquela salinha aconteciam inicialmente as famosas "reuniões de quarta-feira", embrião de uma poderosa associação psicanalítica.

Na sala vizinha, onde fora o consultório, painéis fotográficos mostravam o lugar das estantes, das estatuetas, das antiguidades, do divã, da escrivaninha.

Naquele momento da visita, a sala estava ocupada por uma turma de colegiais, que ouviam desinteressados sua professora falar sobre Freud e a psicanálise. O analista tentou – sem sucesso – esperar que eles saíssem para poder meditar um pouco ali naquela sala onde tanta coisa fora descoberta por Freud.

Viu que o mesmo devia estar pensando um homem de sua idade que tentava ler seu livreto em inglês. A solenidade e a compostura

150   **Visita às casas de Freud e outras viagens**

de que ambos – ele e aquele homem, que talvez fosse também analista – se imbuíam não condiziam com a leve balbúrdia proporcionada pela professora e seus alunos.

O analista e sua mulher desistiram de esperar pelo final da aula e foram explorar as outras dependências do museu. Passaram por uma sala onde eram vendidos livros, postais, souvenirs. Havia duas salas com exposições, uma delas com objetos de Freud, outra com quadros ligados a sua obra. Uma terceira com uma exposicão de jovens artistas de Viena que prestavam uma homenagem à descoberta do Inconsciente.

Meio constrangido, pois temia estar transformando Freud num item de consumo, o analista comprou alguns postais, chaveirinhos, canetas, *posters*. Parou um pouco no vestíbulo, observando a porta de entrada do apartamento, com a placa *Prof.Dr.Freud*. Naquele momento estavam chegando, meio esbaforidos com o esforço de subir a escada, um casal francês de meia-idade e um gordo de aparência mexicano, vestido com um caro casaco de pêlo de camelo. O analista imaginou que, como ele, também deviam estar cumprindo a mesma visita ritual à Meca psicanalítica.

Voltaram para o interior do museu e viram, noutro aposento, vídeos de filmes documentários com Freud. Até então o analista nunca tinha visto Freud fora de suas conhecidas fotografias, onde a imobilidade própria das fotos dava-lhe o aspecto hierático, grandioso, condizente com sua estatura de gênio da humanidade. Achou estranho vê-lo em movimento. Isso parecia devolver-lhe a humanidade, revelando sua fragilidade, sua vulnerabilidade. Ali estava um velhinho andando para cá e para lá com amigos e familiares. Mais estranho ainda pareceu ao analista o som tremido e fraco da cansada voz de Freud.

Durante todo este percurso, o analista tentava se assenhorear de seus sentimentos e sensações, percebendo as oscilações que neles ocorriam.

Antes de mais nada, sentia-se muito contente, realizando um sonho longamente acalentado. Estava desbravando um território conquistado. Sentia-se orgulhoso de estar ali. Depois, a visita à casa

Visita às casas de Freud uma ficção freudiana 151

de Freud era uma modestíssima homenagem que prestava ao mestre, era uma demonstração de respeito e admiração.

Após visitar tantos prédios e palácios esplendorosos de Viena, o analista percebeu-se comovido com a simplicidade do apartamento de Freud. O mesmo sentira ao passar em frente do prédio de apartamentos onde morara Beethoven. Naquela ocasião, tinha acabado de assistir a um recital no suntuoso Palácio Lobkowitz, na Sala Eroica, assim chamada por ter sido ali onde Beethoven tocara pela primeira vez sua sinfonia. A comparação entre o fausto do palácio e a humildade da residência de Beethoven pareceu-lhe gritante e injusta.

O analista notou que tais pensamentos não justificavam o crescente desconforto no qual se sentia mergulhar. Tentou compreender melhor o que sentia, fazendo uma rápida auto-análise. Começou por lembrar: todo analista tem um certo grau de identificação com Freud; todo analista conhece a fundo os textos freudianos, suas biografias, o que – além do exercício da profissão – lhes proporciona uma imaginária intimidade e familiaridade com Freud. Cada um, a seu modo, sente-se um pouco como Freud, sente que é Freud. E era justamente esse sentimento de proximidade e intimidade com Freud que, com certa perplexidade e pesar, sentia estar perdendo naquele momento. Era essa a fonte de seu desconforto.

Constatava que o estar no ambiente físico onde Freud vivera, o estar junto de seus objetos, dentro de sua casa, não faziam crescer a intimidade e proximidade sentidas até então. Pelo contrário, mais do que nunca se sentia afastado e distante dele. Sentia-se frustrado com esta descoberta, mas julgava que a entendia.

Ver o apartamento de Freud, espaço por ele ocupado por mais de quarenta anos naquela rua de Viena, fazia Freud aparecer em sua inteireza singular de sujeito, o que – de alguma forma – desfazia a identificação imaginária que o analista mantivera com ele, pois ele próprio – o analista – se sentia devolvido a si mesmo, à sua própria inteireza, à sua própria identidade.

Pensou que se, por uma mágica qualquer, Freud aparecesse naquele momento ali no apartamento vê-lo-ia como a um estranho, um desconhecido, alguém distante de sua vida, de seu círculo de amigos e familiares, de seus feitos.

Com certo pesar e susto, constatava o que sempre soubera – que ele e Freud eram pessoas distintas uma da outra. Por mais que pudesse imaginar a vida de Freud em Viena, como tinha feito em suas andanças pela cidade, pensando nas dificuldades enfrentadas por um judeu no império austro-húngaro dos Habsburg, esmagado pelo esplendor barroco católico do poder aristocrático, por mais que pudesse compreender e ter empatia, aquela era a vida de Freud, não a sua.

O analista pensou mais um pouco: é possível alimentar uma intimidade imaginária com os ídolos até o momento em que se chega muito próximo deles, pois aí se evidencia a diferença, o estranhamento, quebra-se o espelho narcísico. Isso é comum com os grandes ídolos de massa (política, cinema, música pop), com quem os admiradores se fundem inconsciente e narcisicamente. Também para eles é intolerável a constatação da diferença, do distanciamento, da realidade imaginária daquela identificação, acontecimento cujo vórtice é o momento de encontro face a face com o objeto de tal idealização. Essa quebra, esse desfazer da identificação narcísica é sempre traumático, violento, desencadeador da agressividade a mais destrutiva. O assassinato de John Lennon por seu grande fã ilustra perfeitamente tudo isso, configurando-se ali o encontro letal com o *Doppelgänger,* o insuportável momento de ruptura e perda narcísica.

O analista lembra os escritos de Lacan sobre a *fase do espelho* e sua posterior elaboração, em termos da alienação constitutiva do sujeito no desejo do Outro e o dela sair, com o resgate do próprio desejo.

Ao se retirar da casa de Freud e subir a longa ladeira da Berggasse até a Wäringer Strasse, o analista lembrou de um paciente que costumava se queixar do local de seu novo consultório, descrito derrisoriamente por ele como uma *pirambeira*, por situar-se no final de uma ladeira. Um tanto constrangido, o analista constatou que talvez essa lembrança indicasse uma identificação com aquele paciente. Talvez

Visita às casas de Freud uma ficção freudiana 153

estivesse fazendo o mesmo com o consultório de Freud, denegrindo-o por estar mal localizado, numa *pirambeira*. Por outro lado, essa identificação o colocava como paciente de Freud, realizando assim um desejo, um sonho de todo analista – o ter sido paciente do Mestre.

Na Wäringer Strasse, o analista e sua mulher entraram num antiquário, mas logo saíram. Estavam cansados e com fome, o que os fez estugar o passo, procurando o MacDonald's da Universitätsstrasse, em frente à Universidade, para onde se encaminharam depois do lanche, no desejo de localizar o busto de Freud no grande pátio do prédio principal.

O analista pensava que, levando em conta a dimensão do reconhecimento atingido pelo gênio de Freud, não deixava de ser tocante que ele, num determinado momento, almejara ter seu busto ali, junto com os luminares de sua universidade e considerasse isso uma grande honra. Ao encontrar a herma, muito simples se comparada com os grandes bustos e monumentais baixos e altos relevos que louvavam o saber de tantos outros mestres da academia, o analista foi tomado por um sentimento de justiça poética. Pensou que Freud, de todos aqueles professores e cientistas, era o mais famoso, o mais genial, o mais universalmente aclamado, provavelmente o único que justificaria uma visita como aquela que ele e a mulher estavam fazendo naquele momento.

A figura de Freud não estava apenas ali no busto do pátio da Universidade, mas marcava a História do pensamento do século XX. O onipresente olhar de Freud abarcava toda a humanidade. Afinal, como descobrira já no aeroporto de Viena ao trocar os dólares pela moeda local, Freud o olhava também a partir da cédula de cinco xelins, onde sua efígie era a evidência mais cabal do reconhecimento oficial da Áustria. Freud era um herói nacional.

Estas considerações do analista foram suspensas até serem retomadas na escala seguinte de sua viagem, quando visitaram a casa londrina de Freud, em Hampstead.

Foram de metrô, parando na estação Finchley Road. Atravessaram uma larga avenida, subiram uma ladeira e se viram na Maresfield

Gardens, uma via arborizada, cheia de casarões de tijolinhos vermelhos e acabamentos brancos. Logo cruzaram com duas mulheres que falavam francês e que portavam sacolas com o logotipo do Freud Museum. Viram que estavam chegando.

Abriram o portão do jardim e atravessaram a curta alameda que levava até a porta principal. Encontraram-se num vestíbulo, onde havia uma mesinha com cadeira. À esquerda, abria-se uma pequena porta. Em frente, um grande arco dava passagem para o corpo da casa. Não havia ninguém ali para os receber, o funcionário devia ter ido a algum lugar. A mulher dirigiu-se para os fundos, onde se ouviam pessoas falando. O analista entrou no primeiro aposento à direita e, surpreso, viu-se no consultório de Freud. Além dele, estava ali um casal, que, numa nova surpresa, falava em português. Eram uma psicanalista de Porto Alegre e seu marido, que lhe traduzia em voz alta o folheto do museu. Embora avisos na parede expressamente o proibissem, ela tirava fotos do local.

Ali estavam o divã, os tapetes, as antiguidades, os livros, a escrivaninha, a poltrona, tudo como esperava, como já tinha visto tantas vezes em fotos.

Sem entender, o analista registrou um mal-estar, estava tenso e angustiado. Sentia vontade de sair imediatamente dali. Talvez quisesse manter irrealizado seu desejo tantas vezes acalentado de ver o consultório de Freud, mantê-lo como um projeto futuro e distante feito por um jovem que diz para si mesmo: *um dia vou visitar a casa de Freud* e não tem nenhuma pressa quanto a isso, pois vê a vida como uma longa e infindável estrada que mal começou a trilhar.

Estar efetivamente visitando a casa de Freud provocava no analista um paradoxal sentimento depressivo. Parecia-lhe não uma aquisição e sim uma perda. Despertava-lhe uma inesperada consciência de sua idade madura, de já não ter um futuro imenso e despreocupado com que contar, de ter que viver sofregamente o agora. Dava-lhe uma dolorosa percepção do tempo, com sua finitude e fugacidade.

Perdido em tais pensamentos, o analista se assustou quando ouviu um funcionário do *staff* repreendendo a psicanalista gaúcha, que

Visita às casas de Freud uma ficção freudiana 155

continuava a tirar fotos proibidas. Teve um pouco de vergonha por ela e logo ficou embaraçado, pois não tinha comprado ainda os ingressos.

Confuso e tumultuado, surpreso com tais sentimentos que o assaltaram, o analista sentiu-se só e desamparado e foi atrás da mulher, que estava ainda nos fundos da mansão, num lugar onde havia uma pequena livraria e uma lojinha, onde ela escolhia camisetas, moletons, lembranças do museu. Confortado com sua presença, voltou com ela até o pequeno vestíbulo do museu, onde compraram os ingressos do funcionário que agora estava a postos na mesinha. Os dois ingressaram no consultório de Freud, onde o analista, já mais calmo, pôde apreciar o que ali estava exposto.

Dali se encaminharam para o segundo andar, onde Anna Freud tinha seus aposentos, com seu tear, sua cama, seu guarda-roupa, sua escrivaninha. Ali encontraram dois outros psicanalistas brasileiros. Eram de Belo Horizonte e muito jovens.

Apesar de mais calmo, de novo o analista se viu assaltado pelo estranhamento, o mesmo distanciamento sentido em Viena.

As relíquias de Freud, seu consultório tão cuidadosamente preservado com suas ricas peças, tudo com tanto valor afetivo e histórico, tudo aquilo agora parecia-lhe esvaziado de sentido, objetos mortos, mórbidos. Vislumbrava a grande distância entre o homem e a obra, via que a essência de Freud não estava ali naqueles objetos, por mais valiosos que fossem, mas em seus livros, suas obras, seu espírito.

Tudo o que tinha sentido em Viena, na Berggasse, o analista sentia mais intensa e claramente agora, ali no meio dos objetos, móveis e pertences de Freud. Era fácil imaginá-lo andando por aqueles espaços, subindo a escada, sentado ali, pegando um de seus livros, alisando uma estatueta. Imaginar isso, visualizar a pessoa histórica de Freud, mais uma vez forçava uma ruptura entre Freud e ele. Mais uma vez pensou que se, por um milagre, Freud aparecesse ali naquele momento o consideraria um estranho.

Tal como uma criança segura a barra da saia da mãe, considera-se parte dela até penosamente concluir ser isto apenas uma ilusão, o

156　　　　　　　　　　　　　　　**Visita às casas de Freud e outras viagens**

analista de alguma forma se segurara na barra das calças de Freud, compartilhando imaginariamente sua extensão gigantesca, sua monumentalidade de gênio. Novamente se defrontava com o que nunca deixara de saber, que Freud não era ele, ele não era Freud.

Essa separação fazia o analista sentir-se esmagado frente a grandeza de Freud, gênio benfeitor da humanidade. Ele se sentia pequeno e insignificante, apenas mais um daquela anônima humanidade, um brasileiro, um terceiro-mundista vindo de um país tropical. Foi invadido por um poderoso sentimento de inveja e ódio contra Freud ao pensar que jamais atingiria sua estatura.

Talvez por tudo isso, o analista sentiu uma grande antipatia, uma visceral hostilidade frente aos brasileiros ali presentes, os psicanalistas do Rio Grande do Sul e de Minas. Não quis confraternizar com eles, nada de conversas e trocas de informações de viagem. Se acabara de desfazer sua identidade fusional com Freud e tentava recentrar-se em sua própria identidade, estava longe de se sentir inclinado a se identificar com aquelas pessoas que estavam ali falando em tom excessivamente alto esta última e bruta flor do Lácio, ignorada por todos, esta língua semi-bárbara, eterna prima pobre do francês e do italiano; com pessoas que insistiam em tirar fotos apesar da proibição expressa; pessoas com o desenho e a cor do seu país; pessoas que, como ele, estavam ali sorvendo o ar milenar da Europa, tentando parecer familiarizados com o clima, com a fina garoa, usar com desenvoltura o *trench-coat*, falar inglês com um sotaque continental, fosse ele qual fosse, já que para os ingleses mais cabotinos, o *continente*, aquela parte da Europa não contida pela ilha, era o berço de uma gente mal-educada, ignorantes que nunca foram a Cambridge e Oxford, únicos lugares onde se aprende a ser um verdadeiro *gentleman*. Que diriam eles se soubessem que dentro de seu belo casaco comprado na Burberry's, estava um reles habitante do Terceiro Mundo?

Já se preparavam para sair, quando aconteceu algo inesperado, algo que o analista jamais teria podido imaginar. Ele sentiu uma incontrolável necessidade de aliviar os intestinos. Era um inadiável

Visita às casas de Freud uma ficção freudiana 157

apelo da natureza, como falavam os antigos. O analista lembrou do caso relatado por Freud, um adolescente que entrou em surto aos berros de "Natureza! Natureza!". Estaria se identificando com este paciente de Freud? Mas não havia tempo para divagações, estava vivendo uma situação de urgência. Sentindo-se muito embaraçado, pensando que nem teria coragem de contar aos amigos tal vexame, informou-se de onde havia um banheiro. Foi-lhe indicado um pequeno lavabo logo na entrada da casa. Era aquela pequena porta à esquerda, que tinha visto ao entrar no vestíbulo.

Ao saírem do museu, a mulher do analista disse-lhe ter ficado constrangida, pois o vestíbulo, onde ela o esperara e onde também estava o funcionário em sua pequena mesa, fora invadido pelos desagradáveis e inconfundíveis odores vindos do WC.

Perto da estação de metrô, viram uma moderna loja de decoração, onde entraram. Enquanto a mulher olhava os objetos da loja, o analista tentava entender aquela súbita necessidade de ir ao banheiro. Ao saírem dali, resolveram voltar de ônibus, ao invés do metrô. Não tinham pressa e poderiam apreciar mais a paisagem vista do segundo andar do *Routemaster*. Ao subirem ali, encontraram vários adolescentes paquistaneses voltando das aulas, falando em altos brados sua língua nativa. O analista lembrou de sua vergonha do português e os invejou por não se envergonharem da deles.

No meio da algazarra dos adolescentes, o analista continuou a pensar nos motivos do constrangimento de sua mulher. O andamento de seu raciocínio foi interrompido várias vezes por ela, pelos adolescentes paquistaneses e por ele mesmo, que se deixava distrair pela paisagem vista do ônibus, pelo que via pela janela – o tráfego intenso, o movimento das pessoas nas ruas, o Regent's Park, a Marylebone Road, o Museu de Mme. Tussaud.

Entre paradas e avanços, distrações e retomadas, retas e curvas, o analista pensou no aprendizado do controle esfincteriano – um dos importantes momentos de ruptura da fusão narcísica com a mãe. De repente, a criança descobre que a mãe não compartilha todos seus desejos e pode ter desejos próprios, opostos àqueles seus. A mãe começa a ensinar à criança como e onde evacuar e urinar. Começa a impor limites, a contrariar a onipotência infantil, a quebrar o espelho narcísico da comunhão absoluta de todos os desejos. A criança reage a tudo isso, fazendo um grande manejo. Quando quer agradar a mãe, faz o cocô no lugar e na hora certa, dá de presente tal obra, sua mais importante obra, na verdade a única que é capaz de realizar. Quando está brigada com a mãe, espalha merda por todo canto, suja tudo, desobedece, se enfurece e faz um grande ataque agressivo à mãe. Em ambas as situações, está implícita uma relação muito íntima, básica, fundamental, cheia de ódio e amor, a qual está sendo desfeita para dar vez a um outro nível de integração.

Ali em Hampstead, pensou o analista, quis restabelecer o vínculo narcísico imaginário com Freud, numa tentativa de antemão fracassada. Como acabara de lembrar, a relação da criança com seus dejetos é muito peculiar, cheia de significados. Ela não os dá de presente para qualquer um, em qualquer lugar. Pensou que aí talvez estivesse a origem do fato de algumas pessoas serem incapazes de evacuar a não ser em seus lares. É comum pessoas sofrerem de prisão de ventre ao viajarem. Alegam questões de higiene, limpeza, horários, sabe-se lá mais o que, mas no fundo, é como se esta relação de intimidade pressuposta para a evacuação remetesse àquela faceta de presentear a mãe com algo valioso, esta obra única que a criança produz.

Assim, ao usar o banheiro da casa de Freud, fazia uma demonstração de intimidade e proximidade amorosas. Ali estavam, não mais separados por milhares de milhas, o gênio universal de um lado e noutro o insignificante terceiro-mundista. Agora se refazia o congraçamento de uma intimidade básica, de uma inabalável unidade, de uma mônada.

Mas era também um ataque de ódio por constatar que estava quebrada aquela relação narcísica. Era um ataque diante do reconhecimento das diferenças entre ele e Freud, por não mais poder manter a fantasia de uma identidade fundida e única, por ter de agüentar a inveja e a humilhação frente a sua estatura magnífica.

Visita às casas de Freud uma ficção freudiana 159

Assim, ele fazia cocô no lugar e na hora errados, gerando embaraços e constrangimentos. Partia ressentido, explodindo bombas fétidas na casa de Freud, deixando Londres em escombros, como a Viena do filme de Reed. Não fora à toa que lembrara o assassinato de John Lennon, isso seria uma outra evidência de quão radical e violenta seria essa despedida, como despertara ódios assassinos.

O analista concluiu então: sua vontade de aliviar os intestinos era uma tentativa regressiva de negar a ruptura da identificação com Freud, refazendo-a, ao lado de um ataque invejoso e agressivo por constatar o irreversível desta ruptura.

Mas, pensou, se a ruptura implicava em perda e luto, também indicava crescimento, autonomia, assunção do seu próprio desejo, assim como a dor da solidão existencial.

O analista chegou ao hotel neste ponto de suas cogitações. Sentiu-se contente com elas, pareciam-lhe fazer sentido. Sabia que aquelas interpretações provavelmente não esgotavam todos os significados envolvidos no acontecimento, mas era o bastante para aquele momento. Davam-lhe a sensação de uma maior compreensão de si mesmo, de novamente tomar nas mãos as rédeas de seus pensamentos e poder transitar livremente dentro dos labirintos e meandros de sua mente.

Viu mais: suas cogitações em torno de suas visitas às casas de Freud chegaram a um terceiro e último estágio. Da idealização inicial, que induzira uma identificação narcísica imaginária com Freud, passara por uma dolorosa ruptura desta identificação, a qual levara a um comportamento regressivo, de uma evacuação cheia de significados agressivos.

Agora se sentia noutro nível. Ao utilizar os instrumentos analíticos para entender tudo isso, retomava uma ligação com Freud e com a psicanálise noutros termos, não mais alienado no Grande Outro Freud, não mais o atacando e destruindo para poder sobreviver e organizar sua própria identidade, mas integrando e assimilando as coisas boas que ele podia lhe oferecer, organizando-as de uma forma única e singular em sua própria psique, capaz de pensar de forma autônoma.

160　　　　　　　　**Visita às casas de Freud e outras viagens**

Com alívio e tranqüilidade, o analista deu por encerrado esse episódio. Sabia que aquele sentimento de paz era passageiro. Afinal sua mente continuaria a produzir novos conteúdos geradores de ocasionais inquietações e angústias, perplexidades que o levariam a analisá-los, num nem sempre penoso trabalho de Sísifo.

Enquanto se vestiam para o jantar, o analista e sua mulher anteviam o prazer de reencontrar amigos ingleses no Virginia Woolf, o restaurante do Russell Hotel, em Bloomsbury, o mais belo hotel vitoriano de Londres.

Matariam a saudade da doce música da língua materna. Falariam em português, pois os amigos tinham morado muitos anos no Brasil. Discutiriam mais uma vez as semelhanças e diferenças entre Sterne e Machado de Assis, de quem eram grandes admiradores, o que deixava o analista muito orgulhoso.

O dom de falar línguas –
Sobre a glossolalia*

Mother, you are the one mouth
I would be a tongue to.

Who, Sylvia Plath

Há certo tempo, um analisando me contou que um irmão seu, após um surto psicótico, passou a frequentar uma seita religiosa onde adquiriu grande prestígio por *falar línguas*, o que era considerado ali um sinal do mais alto privilégio divino, dom concedido a poucos.

A meu pedido, explicou-me o que era esse *falar línguas:* o irmão entrava numa espécie de transe e, neste estado, pronunciava uma série infindável de sons desconexos que pareciam palavras desconhecidas de uma língua estrangeira. Voltando a seu estado habitual, ao ser interrogado sobre o que lhe tinha ocorrido, o irmão dizia ter sido possuído pelo Espírito Santo.

Referia-se ao conhecido episódio relatado nos Atos dos Apóstolos, que – por sua beleza – aqui reproduzo:

> E quando se completaram os dias de Pentecostes, estavam todos juntos no mesmo lugar; e veio de repente do céu um estrondo, como

---

* Publicado na revista *Percurso*, nº 28, 1º semestre de 2002 – São Paulo.

162   Visita às casas de Freud e outras viagens

de vento que assoprava com ímpeto, e encheu toda a casa onde estavam assentados. E apareceram-lhes repartidas umas como línguas de fogo, e o fogo repousou sobre cada um deles. E foram todos cheios do Espírito Santo, e começaram a falar em várias línguas, conforme o Espírito Santo lhes concedia que falassem.

Estavam então habitando em Jerusalém judeus, homens religiosos de todas as nações que há debaixo do céu. E logo que correu esta voz, acudiu muita gente, e ficou pasmada, porque cada um ouvia falar os discípulos na sua própria língua. Estavam pois todos espantados e se admiravam, dizendo: Por ventura não se está vendo que todos estes que falam são galileus? E como os ouvimos nós falar cada um a nossa língua em que nascemos?

Partos, medos, elamitas e os que habitam a Mesopotâmia, a Judéia, a Capadócia, o Ponto e a Ásia, a Frigia, a Pamfilia, o Egito, e as partes da Líbia que confina com Cirene e os vindos de Roma, também judeus, e prosélitos, cretenses e árabes, os temos ouvido falar em nossas línguas as maravilhas de Deus. Pasmavam pois todos e se admiravam dizendo uns para os outros: O que é que isso pode ser? Outros porém, escarnecendo, diziam: É porque estes estão cheios de mosto[88].

A comunicação sobre o irmão que *falava línguas* se deu num contexto muito específico, no qual o analisando revivia, na transferência, aspectos de sua ligação mais primitiva com a mãe, da qual a imagem do irmão psicótico, que se mantinha *concretamente* na órbita da mãe, era mais uma representação.

Incidentalmente, tenho sabido, talvez em função da proliferação das seitas fundamentalistas, que tal fenômeno – a glossolalia - não é incomum. Com freqüência, fiéis, tomados pelo Espírito Santo, com grande júbilo falam *línguas*.

Esses elementos me fizeram levantar uma hipótese sobre a glossolalia, vinculando-a a uma problemática fundamental na constituição do sujeito humano, que é o Outro e a linguagem.

---

[88] *Ato dos Apóstolos* - II - 1-13.

O dom de falar as línguas – Sobre a glossolalia

1

Na virada do século XIX para o século XX propunha-se, com razoável repercussão, a criação de uma língua universal que supostamente traria grandes benefícios para os povos, facilitando-lhes o entendimento e a compreensão mútua, abrindo caminho para a paz e a concórdia entre os homens. Era mais uma das utopias sociais que se instalavam na ocasião, fortalecida com o trauma da Grande Guerra que esfacelara os sonhos de uma burguesia triunfante.

Neste contexto, os partidários do Volapük, do Ido e do Esperanto – as três línguas artificialmente criadas e que se propunham a ter tão importante papel na história – disputavam com vigor a primazia e a preferência de todos.

No dia 25 de janeiro de 1925, J.C.Flugel leu, perante a Sociedade Britânica de Psicanálise, um alentado artigo, defendendo a criação de Zamenhof – o Esperanto – e procurando dar-lhe uma fundamentação psicanalítica[89].

Toda sua argumentação foi corroída pelo tempo. A linguística moderna seguiu por outras trilhas que tornaram impensável sua proposta. A realidade – sob a forma da globalização e da informática – mostra o inglês como a língua universal que vigora no momento. A psicanálise trabalha com a linguagem sob outro prisma e entenderia tal proposta – a de se criar uma língua universal – como uma fantasia messiânica de salvação da humanidade. O próprio artigo de Flugel pode ser lido como a expressão de uma idealização de Zamenhof, que chega a ser comparado por ele à figura de Cristo...

Isso mostra que, como em tudo, o espírito do tempo (*Zeitgeist*) é uma variável que não pode ser ignorada na produção dos artigos psicanalíticos. No momento em que foi apresentado, não era evidente o aspecto fantasioso e sintomático do artigo.

---

[89] J.C.Flugel, "Some Unconscious Factors in the International Language Movement with Especial Reference to Esperanto", *International Journal of Psychoanalysis* (IJP), vol. IV, p.171-208.

164 Visita às casas de Freud e outras viagens

O artigo de Flugel mantém o interesse não apenas como uma curiosidade cultural e analítica, mas por oferecer um cuidadoso levantamento da bibliografia sobre a aquisição da linguagem, o mito de Babel e a glossolalia, sendo a fonte das informações que passo a mencionar.

Flugel cita Ernest Jones que, em seu trabalho *A Concepção da Madona através do Ouvido*, estabelece a ligação entre a função da fala, o complexo de castração e o erotismo anal: a fala é, para o inconsciente, equivalente simbólico da vida, do poder criativo e de Deus (Logos), sendo a língua um representante do falo. A ausência de fala (mudez) é o equivalente da impotência e da morte. A função da fala, como a da respiração, do soprar e da produção vocal de sons em geral, é também identificada com a emissão de flatos, havendo assim uma fusão dos elementos genitais e anais na idéia de uma fertilização gasosa, segundo a qual a mesma acontece pela passagem de flatos do pai para a mãe. Essa idéia da fertilização gasosa corresponderia a uma formação reativa frente à idéia da castração.

Dizendo de outra forma, há uma íntima relação entre a fala e a potência sexual. Assim, o poder lingüístico, quer seja na forma da produção ou da recepção de palavras, é inconscientemente equiparada à potência sexual; conseqüentemente, a inabilidade lingüística equivale à impotência ou frigidez. As atividades lingüísticas seriam sublimações das atividades sexuais.

A relação entre fala e sexualidade fica evidente no episódio bíblico da Torre de Babel (Gênesis, XI, 1-9) e seus equivalentes em outras culturas.

Lorenz, citado por Flugel, observou como o tema dos titãs – o ataque dos filhos contra o pai, organizado numa guerra duradoura e sangrenta – presente na mitologia grega, aparece em outras culturas, sob formas diferentes. Uma delas é o tipo de histórias *Joãozinho e o pé de feijão* ou de *Ataque ao céu*, nas quais os homens sobem ao firmamento para lá se instalarem ou atacarem diretamente o Criador e seus habitantes. São claras expressões de rivalidade e ódio frente ao pai, sentimentos próprios do complexo de Édipo. A mais conhecida

O dom de falar as línguas – Sobre a glossolalia 165

destas histórias é a dos titãs Otus e Ephialtes, que subiriam aos céus empilhando o monte Ossa sobre o Olimpo e, acima dele o monte Pelion.

O mesmo desejo aparece nas diversas versões coletadas pela tradição judaica a respeito do mito da Torre de Babel. Seus construtores, liderados por Nimrod, estão em franca rebelião contra Deus. Alguns desejam subir ao céu e ali declarar guerra diretamente ao Todo Poderoso, afrontando-o com o estabelecimento de novos ídolos a serem adorados; outros têm ambições mais modestas, simplesmente querem danificar a abóbada celeste através do arremesso de dardos e flechas. A construção da Torre toma muito tempo e chega a tal altura que um pedreiro levaria um ano para subir da base ao topo. O trabalho prossegue dia e noite, com homens e mulheres obcecados com a tarefa, relegando tudo o mais para um segundo plano. De sua vertiginosa altura, os homens arremessam setas contra o céu e elas voltam manchadas de sangue, o que os faz gritar "matamos todos que estavam no paraíso".

Flugel diz que a significação simbólica da construção da Torre, além da rebelião contra a autoridade paterna, com se mostra tão claramente no exemplo acima, é, ao mesmo tempo, uma representação do processo de ereção, semelhante ao encontrado nos freqüentes sonhos de voar e escalar, como no sonho de Jacó, no qual há uma escada que liga a terra ao céu, sendo que, neste caso, se inclui a fantasia de coito, representada pelo movimento corporal nele implicado. O bem sucedido ataque ao céu representa, assim, o desafio ao pai e a gratificação de desejos sexuais. O fracasso dessa empreitada, por sua vez, como na história de Babel, representa a vingança do pai ameaçado – a castração.

Flugel cita Lorenz, que dá uma versão diferente da destruição da Torre de Babel: ela ocorre não pela confusão de línguas e sim através de um forte vento, o que evoca as associações flato-respiração-castração-potência sexual estabelecidas por Jones, além de aproximar o mito de Babel ao mito da destruição das muralhas de Jericó que cairam com o sopro das trombetas. Flugel lembra que na mitologia grega, é Hermes, o deus dos ventos, o responsável pela discórdia e a diversidade de línguas na humanidade, tentativa; o mesmo ocorre na versão polinésia do mito dos titãs na qual, o deus do vento Tawhiri-ma-tea apóia seus pais na luta titânica e desencadeia uma tempestade que dispersa seus irmãos, jogando-os a grande distância um do outro. Nesses exemplos aparecem o dispersar, o dividir, o estabelecer a discórdia e a diversidade de línguas, símbolos de castração operantes no mito de Babel, pois o dispersar um grupo de pessoas pode ser o equivalente simbólico do desmembramento de um corpo, o dispersar de seus membros, o despedaçá-lo, ou seja, são representantes da castração.

Flugel diz que se a história de Babel tornou-se um conhecido mito da origem da diversidade das línguas decorrente de uma punição divina, o presente pentecostal do dom de falar línguas pode ser considerado como sua providencial antítese.

Como está nos Atos dos Apóstolos, algumas testemunhas que presenciaram o milagre, não o consideraram como tal, preferindo acreditar que os apóstolos estavam embriagados ("tinham bebido mosto"). Isso faz com que Flugel tente discriminar entre *glossolalia* (falar um jargão ininteligível) e *xenoglossia* (falar línguas estrangeiras).

Sabe-se que a glossolalia foi, e continua sendo, uma reconhecida manifestação religiosa. Como tal, foi estudada psicanaliticamente por Pfister, citado por Flugel. Do ponto de vista puramente descritivo, talvez não haja grande diferença entre os dois tipos de fenômenos – a glossolalia é, provavelmente, apenas uma pretensa xenoglossia, pois Pfister afirma que um dos motivos mais freqüentes na glossolalia é o desejo de compreender alguma língua estrangeira, da qual muitas das palavras foram tiradas e distorcidas pelo glossolálico.

Isso remete às já mencionadas vinculações simbólicas entre potência sexual e potência lingüística. Jones, em seu trabalho sobre o Espírito Santo, mostrou que ele representa a essência criativa do pai, o mesmo poder que se manifestou na concepção da Madona pelo ouvido. De fato, o "poderoso vento forte" que destrói a Torre e as "línguas de fogo" que dão o conhecimento das línguas são manifestações das mesmas forças.

O dom de falar as línguas – Sobre a glossolalia

A diferença é que numa versão o poder divino se apresenta de forma *destrutiva, punitiva e malévola*; noutra, de forma *benéfica e criadora*. No milagre pentecostal, Deus dota os homens com alguns de seus poderes criativos, presenteando-os com a potência simbolizada pelo dom de falar línguas. Na Torre de Babel, Deus usou seu poder para destruir a potência humana.

Um contraste típico – diz Flugel – entre os enfoques do Antigo e Novo Testamentos. Neste último, atingiu-se um estágio de evolução moral no qual o conflito entre Pai e Filho alcança, de certa forma, a paz. Numa analogia com a mitologia, a diferença entre o Antigo e o Novo Testamentos se equacionaria no fato de que a guerra dos deuses e titãs terminaria, não, como no primeiro estágio, pela derrota dos filhos e sua brutal submissão, mas por uma reconciliação entre os combatentes. Da mesma forma, Prometeu não seria mais castrado por roubar o fogo do paraíso. Na verdade, nem precisaria roubá-lo, pois o fogo divino lhe seria graciosamente dado.

Flugel afirma que além dos elementos genitais envolvidos nos fenômenos da linguagem, particularmente ligados ao complexo de castração, não se pode negar a existência dos componentes anais subjacentes, enfatizados por Jones. Assim, inconscientemente, a potência genital é, de certa forma, equiparada à potência dos processos anais. A criança se orgulha de suas funções excretórias muito antes de se familiarizar com as funções genitais, e, no curso do desenvolvimento, estas últimas são, por deslocamento, investidas com os afetos pertencentes aos primeiros (anais). O orgulho pela capacidade de gerar uma criança é, de certa forma, derivada do anterior (e, conseqüentemente, reprimido) orgulho pela produção de fezes, enquanto os deslocamentos lingüísticos que temos considerado representam gratificações substitutas de ambos os níveis.

Por isso, Flugel considera que as pulsões anais presentes no impulso de criar podem encontrar expressão na criação de uma língua como um todo, ou na invenção de novas palavras, expressões e formas de falar. Essa criatividade com tonalidades anais joga provavelmente papel importante no aparecimento da glossolalia. A satisfação anal infantil está ligada não apenas com a criação de fezes, mas também com a tendência a brincar com elas ou manipulá-las. É possível que essa manifestação do erotismo anal também encontre expressão nas atividades mencionadas, as quais, até certo ponto, podem ser consideradas como uma espécie de brincadeira com a linguagem. A persistência dessa atitude na eventualidade do complexo de Édipo, significa desafio ao pai (o criador da linguagem que proíbe sua alteração por outros) e incesto com a mãe (o tomar liberdades proibidas com a linguagem); no nível anal, significa desafiar as autoridades, realizando atividades proibidas (criação lingüística ou manipulações proibidas).

Conclui Flugel que a tendência para a criação de uma linguagem artificial nas crianças e adolescentes está, sem dúvidas, ligada ao desafio à autoridade, particularmente no desejo de manter em segredo seus interesses sexuais. Em virtude deste segredo – a linguagem secreta, se ouvida, não é compreendida pelos adultos e autoridades – as crianças e adolescentes invertem a posição de inferioridade na qual se encontravam na infância, quando não entendiam inteiramente a conversa dos adultos, ou na qual ainda se encontram, como acontece com freqüência em famílias nas quais os pais se refugiam numa língua estrangeira para não serem entendidos por seus filhos pequenos.

O mito de Babel foi também analisado por Bion, que considerou – dentro de seus estudos sobre grupos – a empreitada humana da construção da torre como um primeiro exemplo de um "grupo de trabalho". Valorizou a tarefa conjunta, via a língua única como um representante da capacidade de simbolizar e criar vínculos. Entendeu a atitude raivosa, punitiva e destrutiva de Deus, que atacou os vínculos e impediu a comunicação ao disseminar línguas diferentes, como o representante de um superego cruel e destrutivo[90].

Amati-Mehler tem uma visão diferente. Pensa que a perda da língua única e a instalação das diferentes línguas são representações simbólicas do momento da ruptura da fusão narcísica, movimento necessário para que o sujeito se constitua com tal. Diz ela:

---

[90] W. Bion, "Group Dynamics: A Re-View". *IJPA* 1952 33, pp. 235- 246.

O dom de falar as línguas – Sobre a glossolalia

Como os maiores mitos do Édipo e do Paraíso Perdido, o mito de Babel tem dois lados. Do lado "progressivo", "evolutivo", o mito postula uma impossibilidade – no caso, significa a exclusão da comunicação universal. Do lado "regressivo", reconstrói na imaginação um estado ideal que teria existido antes e fora perdido – uma unidade mítica original que dá margem para a exigência narcísica de uma comunicação total. Cada um destes mitos, na verdade, afirma a necessidade do exílio e da separação/castração como uma situação *sine qua non* para o futuro conhecimento. (...) Babel representa o momento no qual se dá o desligamento, a separação daquilo que nos é semelhante. Assim, diz respeito a algo crucial para o desenvolvimento individual, no qual – a partir da situação de fusão original – a separação, individuação e diferenciação são experimentadas mentalmente (tradução do autor)[91].

Laffal[92] aborda a questão da linguagem e da glossolalia sob outro enfoque. O autor remete-se ao Freud que considera a linguagem como um mecanismo de descarga energética e que tem a função de trazer para a consciência o inconsciente. Em seus estudos com Breuer sobre a histeria, Freud entendia os sintomas como a presença de um "corpo estranho" ou de "reminiscências" fora do comércio associativo consciente, que necessitavam a ele se integrar através da fala, o que proporcionaria uma catarse e/ou uma elaboração. A fala seria, então, um mecanismo de descarga de afetos retidos e também um substituto da ação direta. Freud retoma tais idéias no *Projeto*, onde aponta como primeiro paradigma da linguagem os gritos de dor e de fome da criança. Simultaneamente, são descargas motoras e também trazem alívio ou ajuda, na pessoa da mãe. Assim, a vocalização, um mecanismo para a descarga de energia associada a várias tensões corporais, torna-se um meio de comunicação social sobre tais estados. Desta forma, no correr da vida, a linguagem continua a servir a uma

---

[91] J.Amati-Mehler, S. Argentieri, J. Canestri J (1993): *The Babel of The Unconscious.* IUP, Madison, p.14-18.

[92] J. Laffal, "Language, Conciousness and Experience", *Psic.Quart.*, 36:61-66.

170   **Visita às casas de Freud e outras viagens**

função de descarga, ao lado de sua função como instrumento de comunicação e união social. A primeira será recrudescida em detrimento da segunda toda vez que fortes necessidades físicas ou psíquicas se impuserem. A linguagem será, dessa maneira, descarga destes impulsos e não terá preocupação comunicativa com o outro. Lafal considera que isso é evidente nas psicoses e, especialmente, na glossolalia, "o exemplo mais claro da função de descarga da linguagem". Esse fenômeno aparece no discurso esquizofrênico, mas é mais comum em indivíduos aparentemente normais. Um falante, em êxtase religioso, se encontra tomado pelo Espírito, balbuciando "palavras dadas pelo Senhor" de uma língua estranha que ele mesmo não entende. Podemos presumir que esses balbucios, incompreensíveis para todos, servem como descarga de energia psíquica ligada a desejos e conflitos. Pela verbalização, a glossolalia aproxima da consciência o que o indivíduo não pode colocar em palavras. Desde que a compreensão está impossibilitada, a vergonha, a culpa, o desespero ou a ansiedade que poderiam acompanhar a compreensão desta fala ficam evitados, permanecendo a pessoa com a impressão de ter expressado o inefável. A fantasia de estar tomado pelo Espírito a ajuda a negar os conflitos psíquicos e necessidades não satisfeitas comuns a todos os homens.

2

Pode-se entender a glossolalia partindo de pressupostos um tanto diversos dos acima citados, embora mantendo com eles alguns pontos de contato. A aquisição da linguagem é um processo cuja transcendência e importância dificilmente se poderia exagerar. Esta aquisição não é o mero aprendizado de um código de comunicação para usos imediatos e pragmáticos, possibilidade que os homens compartilham com outros animais. Trata-se do ingresso no mundo simbólico, que caracteriza o essencialmente humano, o que funda a cultura, marca o limite com a natureza. A relação do inconsciente com a linguagem é fundamental e

O dom de falar as línguas – Sobre a glossolalia 171

sua aquisição é uma problemática pré-edipiana, intimamente ligada com as primeiras relações objetais da criança, veículo imprescindível na e da fusão narcísica com a mãe.

Lembremos dois fatos característicos do nascimento do ser humano que põem em relevo a magnitude deste processo.

O primeiro é que o corte do cordão umbilical que o liga ao corpo da mãe, e que caracteriza seu nascimento físico, não corresponde a seu *nascimento psíquico*, pois por longo tempo a criança não terá uma identidade própria que a caracterize como um sujeito humano, senhor do seu próprio desejo. Em seus primeiros tempos, a criança se encontra fundida com a mãe, sente-se confundida psiquicamente com ela, acredita fazer com a mãe um todo indivisível. É somente no final de um longo processo que vai tolerar se ver separada psiquicamente da mãe, assumindo sua incipiente subjetividade. Para tanto, é fundamental a instauração do complexo de castração, que leva à resolução do complexo de Édipo.

O segundo fato, é que, ao nascer, a criança é mergulhada no universo lingüístico dos pais, num encontro definitivo, irreversível. Uma vez dentro da língua materna, a criança dela não mais poderá sair. A mãe fala e, através da linguagem, introduz a criança no mundo simbólico.

Como foi dito acima, durante longo tempo a criança se sente visceralmente ligada à mãe e não se reconhece como um ser independente e diferente dela. A tarefa mais importante com a qual ela se depara é realizar esta separação, perder a fantasia desta união fusional. Para tanto, as palavras jogam um papel fundamental, pois, na medida em que representam e simbolizam toda a realidade do mundo externo assim como a realidade interna de sentimentos e relações intersubjetivas, a linguagem – como não poderia deixar de ser – representa também aquela que é a relação primordial e constitutiva da criança, aquela que lhe é a mais importante: a relação materna. As palavras vão representar a mãe, vão simbolizá-la e assim permitir sua introjeção, processo necessário para que a criança admita *perdê-la*.

172   **Visita às casas de Freud e outras viagens**

Freud ilustrava este processo de representação e simbolização da separação da mãe através da observação do jogo de uma criança[93]. A criança brinca com um carretel que está amarrado com um cordão. Ela joga fora de seu berço o carretel e simultaneamente grita um som que os familiares entendem como sendo proveniente da palavra alemã *fort*, que significa *saiu*, *foi-se*, e, com grande satisfação, recolhe o carretel pelo fio gritando *da* (*eis aqui*). Ou seja, a criança representa a separação da mãe e sua volta através do carretel e através das palavras *fort* e *da*. O jogo, além do mais, é uma tentativa própria de controlar ativamente algo que sofre passivamente – as dolorosas separações da mãe. Podemos dizer que com o desenvolvimento, precisará menos da brincadeira em si e mais da palavra, da linguagem.

A íntima relação da linguagem com a mãe fica especialmente evidente na análise de pacientes bilíngües ou poliglotas. Nestas ocasiões, fica claro o uso resistencial feito pelos pacientes das outras línguas que não a materna, permanecendo esta fortemente reprimida, por condensar em si toda a conflitiva mais primitiva, como mostraram Greenson[94] e Amati-Mehler[95]. Situação semelhante se dá na observação de escritores com específica inibição de produzirem em suas línguas maternas, como foi o caso de Beckett[96].

Por tudo isso, Pontalis diz:

> No detalhe, no ínfimo, no passo a passo dos restos, a fala, quando nada a comanda a não ser seu próprio impulso, reconduz ao objeto perdido, para dele se desligar... Separar-se, desunir-se do objeto e de si, desligar-se do semelhante ao idêntico, medir incessantemente a distância entre a coisa possuída e a palavra que a designa, e que, ao designá-la, diz de imediato que ela não está ali[97].

---

[93] S. Freud, *Além do Princípio do Prazer,* Rio de Janeiro: Imago Editora, 1976, p. 25.

[94] R. Greenson, "The Mother Tongue and the Mother", *IJP*, (1950),31:18-23.

[95] J.Amati-Mehler, *op. cit.*

[96] P. J. Casement, "Samuel Beckett's Relationshipt to his mother-tongue", *Int.Rev. Psycho-Anal.*, (1982), 9,35-44.

[97] J.-B. Pontalis, "A Melancolia da Linguagem" in *Perder de Vista – Da fantasia de recuperação do objeto perdido*, Rio de Janeiro: Jorge Zahar Editor, 1991, p. 143.

O dom de falar as línguas – Sobre a glossolalia **173**

É o que Pontalis chama de *melancolia da linguagem*, a linguagem como substituto do objeto amado perdido, a mãe. As palavras tornam presente uma ausência, ou ausente uma presença, são como que *presenças-ausências*, as da mãe fusional para sempre perdida, aquela com quem não era necessário falar, pois dela se fazia parte. Por este motivo, as palavras, a fala, se vinculam inextricavelmente ao desejo insatisfeito de estar naquela situação fusional anterior, naquele momento mítico onde criança e mãe eram um só, a Coisa (Kaufmann, Lacan)[98] maravilhosa e inominável, para sempre desfeita e perdida.

A linguagem não só é *melancólica*, mas também é intrinsecamente *estranha, estrangeira*, pois ela é a marca da distância e da separação entre a criança e a mãe. Vem de fora, do Outro que é a mãe enquanto sujeito diferente e separado da criança e, ao mesmo tempo, é a *língua da mãe*, é o que há de mais próximo, íntimo e familiar, aquilo que se confunde com a própria criança. Acredito que aí esteja uma outra raiz da sensação do *unheimlichkeit*, do *estranho familiar* descrito por Freud[99]. Sendo assim, as palavras, o discurso, constituirão sempre uma língua estrangeira imposta à criança, imposição dura e, no entanto, indispensável ao estabelecimento das bases de seu psiquismo, a seu advento como sujeito humano. A estranheza da linguagem, da qual nem sempre nos damos conta, se evidencia, por exemplo, na brincadeira infantil que consiste na repetição de uma palavra à exaustão, o que faz com que ela perca todo e qualquer revestimento simbólico, restando apenas o vazio: o real de puros sons sem sentido.

A criança *infans*, que não fala ainda, ouve, absorve, apreende, aprende a fala dos adultos, estes sons absolutamente desconhecidos, misteriosos, surpreendentes, enigmáticos, fascinantes.

Retomando agora o caso do irmão de meu analisando e dos fiéis fundamentalistas, podemos imaginar que eles, ao *falarem línguas*,

---

[98] verbete "coisa" in Pierre Kaufmann (org.), *Dicionário Enciclopédico de Psicanálise - O legado de Freud e Lacan,* Rio de Janeiro, Jorge Zahar Editor, 1996, p. 84.
[99] S. Freud – "O 'Estranho'" in *Uma Neurose Infantil e outros trabalhos*, volume XVII da Edição Standard Brasileira das obras psicológicas completas, Rio de Janeiro: Imago Editora, 1976, p.273.

174   **Visita às casas de Freud e outras viagens**

estão, um em nível psicótico ou outros em nível neurótico (histérico), regredidos e identificados com a mãe, com os adultos, com os portadores da língua, com os *falantes*. Revivem, assim, aqueles momentos fundamentais e constitutivos do psiquismo, em que ouviam a língua *estrangeira*, uma algaravia que não compreendem, carregada de sentidos e desejos dos adultos.

Diz Laplanche:

> Esse mundo adulto não é um mundo objetivo, que a criança teria que descobrir e aprender, como aprende a caminhar e a manipular coisas. Caracteriza-se pelas mensagens (lingüísticas ou simplesmente semiológicas: pré ou para lingüísticas) que questionam a criança antes que ela as compreenda, e às quais deve dar sentido e resposta (o que vem a dar no mesmo) (...) Pelo termo sedução originária qualificamos, portanto, esta situação fundamental na qual o adulto propõe à criança significantes não verbais tanto quanto verbais, e até comportamentais, impregnados de significações sexuais inconscientes[100].

Tal formulação de Laplanche se aproxima da formulação de Lacan a respeito do discurso do Outro, discurso que expressa o desejo deste Outro, discurso que vai constituir o sujeito para sempre alienado de si mesmo:

> O significante produzindo-se no campo do Outro faz surgir o sujeito de sua significação. Mas ele só funciona como significante reduzindo o sujeito em instância a não ser mais do que um significante, petrificando-o pelo mesmo movimento com que o chama a funcionar, a falar, como sujeito[101].

---

[100] J. Laplanche, "Da Teoria da Sedução Restrita à Teoria da Sedução Generalizada" in *Teoria da Sedução Generalizada e outros ensaios*, Porto Alegre: Artes Médicas, 1988, p. 118/119.

[101] J. Lacan, "O Campo do Outro e o retorno sobre a transferência". *O Seminário – Livro 11 – Os Quatro Conceitos Fundamentais da Psicanálise*. Rio de Janeiro: Zahar Editores, 1979, p. 197.

O dom de falar as línguas – Sobre a glossolalia   **175**

Estas mensagens e palavras primeiras, misteriosas, estranhas, fascinantes, portadoras dos desejos inconscientes dos pais, os *significantes-enigmáticos* ou *metáboles*, estarão para todo o sempre gravadas no Inconsciente, sendo – na verdade – seu núcleo central. Dado a importância destes conceitos, citamos um tanto extensamente Laplanche:

> Rapidamente constatamos que se trata de um mundo de significado e comunicação, transbordando por todos os lados as capacidades de apreensão e de controle da criança. De todos os lados afluem mensagens propostas. Por mensagens não entendo necessária nem principalmente as mensagens verbais. Todo gesto, toda mímica tem função de significante. Esses significantes originários, traumáticos, chamemo-los *significantes-enigmáticos*, precisando o que entendemos por isso. Esses significantes não são enigmáticos somente pelo simples fato de que a criança não possui o código e que teria de adquirí-lo. Sabemos bem que a criança começa a habitar a linguagem verbal sem que lhe seja fornecido previamente um código, assim como podemos adquirir uma língua estrangeira pela prática diária. Não se trata disso. Trata-se do fato de que o mundo adulto é inteiramente infiltrado de significados inconscientes e sexuais, dos quais o próprio adulto não possui o código. E por outro lado se trata do fato de que a criança não possui as respostas fisiológicas ou emocionais correspondentes às mensagens sexualizadas que lhe são propostas; em resumo, que seus meios de constituir um código substitutivo ou provisório são fundamentalmente inadequados. (...) O trabalho de domínio e de simbolização deste *significante-enigmático* termina necessariamente em restos *fueros* inconscientes, que chamamos *objetos- fontes da pulsão*[102].

Não é indiferente que, nos dois exemplos citados – o irmão do analisando e os fiéis –, isso aconteça num ambiente sagrado, religioso, onde está em jogo a presença de um deus, que tudo sabe e de quem

---

[102] J. Laplanche, *op. cit.*, p. 78 e 120.

176   **Visita às casas de Freud e outras viagens**

se recebe todos os dons. A recriação de pais poderosos e protetores, em quem se pode confiar e de quem se pode esperar amparo e proteção é a base de toda religião. Assim, o milagre relatado nos Atos dos Apóstolos poderia ser considerado como uma ilustração mítica do processo de aquisição da linguagem.

Essa característica encantatória da fala, da linguagem, que nós analistas teorizamos, os poetas têm dela conhecimento intuitivo. Essa linguagem, que não tem apenas seu aspecto operacional de comunicação e troca de informações, mas que está para sempre ligada à perda dos objetos amados, que *representa* estes objetos, que está ligada à introjeção do discurso alienante do Outro e aos *significantes-enigmáticos*, essa língua materna, essa língua primitiva eivada de desejos e organizadora das fantasias, é essa a língua que interessa ao psicanalista e ao poeta.

É partindo desta premissa que Mannoni explica a estranheza provocada pela poesia de Mallarmé:

> Pois com suas poesias (Mallarmé) reconduziu-nos à idade em que era preciso *adivinhar* o sentido do que ouvíamos. Foi Baudelaire quem disse que *o gênio é a infância reencontrada à vontade*. Em matéria de linguagem, com Mallarmé, isso é feito mas por meio de um artifício. Ele faz-nos viver um aspecto da linguagem que, para nós, biograficamente é um aspecto arcaico. Ele tem provavelmente a chance de não o saber. Realiza-o sem teorizá-lo. Não é o único, sem dúvida, há outros poetas que o fazem, por certo, mas não de uma forma tão sistemática.(...) *Mallarmé renova para nós uma experiência infantil....Brincamos de nos perder em nossa língua materna, pelo prazer do jogo de nela nos reencontrarmos*[103] (grifos do autor).

Assim, aquele texto sonoro, rico de rimas, de assonâncias, de palavras que se agrupam num conjunto formalmente perfeito mas

---

[103] O. Mannoni, "Um Mallarmé para os analistas" in *Um Espanto tão intenso — A vergonha, o riso, a morte*, Rio de Janeiro: Ed. Campus, 1992, p. 66 e 71.

O dom de falar as línguas – Sobre a glossolalia

cujo conteúdo parece escapar, parece não existir, que não se consegue captar inteiramente, que meio se adivinha, que se mantém num lusco-fusco que conduz a um encantamento, um maravilhamento, tudo isso que acontece na leitura de Mallarmé, remeteria o leitor à evocação de vivências arcaicas infantis ligadas aos primeiros contatos com a *desconhecida* língua materna.

Se isso é particularmente evidente em Mallarmé, na verdade é uma capacidade comum a todos os poetas, que recriam no leitor, sem sabê-lo, este prazer antigo que todos teríamos sentido um dia, ao termos nossos contatos iniciais com a língua.

Poderíamos dizer que Mallarmé (e, por extensão, todos os grandes poetas) – tal como o irmão do paciente e como os fiéis – todos eles *falam línguas*. Mas não podemos deixar de lado uma diferença essencial. É verdade que há uma matriz comum, mas algo de radical separa tais situações, pois em Mallarmé (e em outros poetas) temos o fino e complexo manejo da linguagem com fins literários, enquanto nos outros casos o que aparece são sintomas regressivos, formas de identificação arcaica em estado bruto, não reelaboradas esteticamente, que é o que distingue a arte do mero sintoma.

Essa distinção pode ser ilustrada com um episódio da história da literatura. Quando Joyce estava escrevendo *Finnegans Wake*, sua filha Lucia entrou em surto psicótico e passou a escrever na forma típica de seu distúrbio mental, produzindo uma escrita desagregada, fragmentada, sem sentido, cheio de neologismos e barbarismos. Joyce, assustado com o estado da filha, recusa-se a reconhecê-la como doente e passa a achar que a filha estava fazendo importantes criações lingüísticas estéticas, semelhantes às que ele mesmo estava inventando em *Finnegans Wake*. Joyce recorreu a Jung, que delimitou a diferença entre a produção estética de um e a escrita sintomática da outra.

Ellmann conta-nos o episódio:

> Joyce nutria a secreta esperança de que, quando ele saísse da escura noite do *Finnegans Wake*, sua filha escaparia de sua própria treva.(...)

178   **Visita às casas de Freud e outras viagens**

O pai dela teve várias discussões com Jung. Quando o psicólogo
indicou elementos esquizofrênicos em poemas que Lucia escrevera,
Joyce, lembrando os comentários de Jung sobre o *Ulisses*, insistiu
em que eram antecipações de uma nova literatura, e disse que sua
filha era uma inovadora ainda não compreendida. Jung garantiu que
algumas de suas palavras *portemanteaux* e neologismos eram
notáveis, mas disse que eram acasos; ela e seu pai, comentaria ele
mais tarde, eram como duas pessoas descendo ao fundo de um rio,
uma caindo, outra mergulhando[104].

Mais do que oportuna, a menção a Joyce e *Finnegans Wake* é
imprescindível quando o assunto é linguagem e literatura. Embora
produzindo numa linha diferente da de Mallarmé, Joyce igualmente
tem na linguagem o centro de suas preocupações. *Finnegans Wake*,
que dele exigiu tantos anos de esforço, é um marco importante por
inaugurar uma abordagem nova na literatura.

Dizem os irmãos Campos:

> O *Finnegans Wake*, mais ainda que o *Ulisses*, assinala o dissídio
> com a era da representação (do romance como raconto ou fabulação)
> e instaura, no domínio da prosa, onde se movia o realismo oitocentista
> com seus sucedâneos e avatares, *a era da textualidade, a literatura
> do significante ou do signo em sua materialidade mesma* (se o
> realismo subsiste, este será agora de natureza estritamente
> semiótica)[105]. (grifos do autor).

Aí, longe dos realismos e dos enredos, o grande personagem é a
própria linguagem. Joyce recria a linguagem como magma primitivo
de onde brotam todos os enredos e a própria realidade, imaginando-
a num tempo primevo quando os usos e os costumes ainda não a

---

[104] R. Ellmann, *James Joyce,* São Paulo: Editora Globo, 1989, p. 837.
[105] Campos, A. e H., *Panaroma do Finnegans Wake*, São Paulo: Editora Perspectiva
(3a. edição), 1986, p. 18.

O dom de falar as línguas – Sobre a glossolalia 179

tinham conformado e cristalizado. Ali, o significante recupera sua feição proteica.

Dessa forma, poderíamos pensar que também *Finnegans Wake* remete, por outras vias, a esses tempos primevos dos primeiros encontros da criança *infans* com a língua materna. Vê-se ainda que estamos muito próximos dos neologismos e da glossolalia enquanto sintomas psicóticos, característicos principalmente da esquizofrenia. Daí a compreensível e já mencionada confusão que o próprio Joyce estabeleceu com sua filha.

Se Mannoni, como vimos, entende a forma pela qual Mallarmé trata a linguagem como o recriar da relação primordial da criança *infans* com a mãe, num momento de apreensão e identificação, de introjeção da linguagem, não deixa de ser interessante comparar esta abordagem com a de Kucera, que vê como uma forma de ataque sádico os "maus tratos" que Mallarmé inflige à língua mãe. Diz Kucera:

> Em tal sentido, (Mallarmé) torturou estranhamente a língua francesa. Separou o atributivo do substantivo, colocou o adjetivo e seus complementos antes do nome modificado, isolou os adjetivos demonstrativos, deu por entendidos os auxiliares dos verbos, suprimiu as conjunções explicativas, fez desaparecer pouco a pouco os signos de pontuação que considerou como acessórios inúteis. Empregou o mesmo termo ao mesmo tempo segundo o sentido próprio e o sentido figurado, elevou às preposições seu lugar tradicional, inverteu os termos do desenvolvimento lógico, misturou incidentes na frase principal sem advertir ao leitor com a presença de parêntesis...(Fabureau). A crueldade e a falta de cuidados com que Mallarmé trata língua francesa prova duas coisas: por um lado a quantidade de forças destrutivas em jogo e por outro essa tendência fundamental para o isolamento que se expressa em termos notavelmente concretos[106] (tradução do autor) .

---

[106] O. Kucera, "Stephane Mallarmé", *Revista de Psicoanalisis*, (Argentina) - 7:249-94, 1949-50.

180   Visita às casas de Freud e outras viagens

É ainda Mannoni quem cita uma passagem da vida de De Quincey, quando este sentia inexplicável prazer ao assistir uma missa rezada em espanhol. Ouvir aqueles sons totalmente estranhos lhe era muito prazeroso:

> Penso que essas visitas o faziam voltar aos primeiros meses de sua existência, quando sua língua materna ainda lhe era estranha[107].

Essa experiência de De Quincey dificilmente ocorreria hoje em dia, quando os meios de comunicação, a globalização, o turismo, os negócios, os vastos movimentos migratórios em torno da Terra pelos mais variados motivos aproximam universos lingüísticos, fazendo com que todos tenham desde a mais tenra infância a experiência de ouvir outras línguas que não a materna, banalizando-se, diluindo-se e camuflando-se assim a fascinação com a língua estrangeira enquanto eco de uma vivência arcaica. Possivelmente isso só e raramente ocorreria hoje em lugares mais remotos, distantes, com populações muito isoladas, sem contato com o mundo externo.

Creio ter presenciado algo assim quando criança, fato que gravei na memória por seu inusitado e até mesmo constrangimento, embora só pudesse entendê-lo anos depois.

No final dos anos 50, fui para uma cidade no interior do Ceará onde um tio era prefeito. Naquelas brenhas pobres, de população quase totalmente analfabeta, sem eletricidade, isolada dos centros maiores, muito poucos tinham aparelhos radiofônicos que captassem a capital ou alguma outra cidade maior distante. Durante minha estadia ali, meus tios receberam amigos franceses que não falavam português.

Calhou de chegarem à casa do meu tio alguns correligionários que moravam em sítios e povoados distantes da cidade, uma gente completamente iletrada, isolada. Além do português mais ou menos regular dos mais abastados da região, aqueles homens deviam conhecer apenas seus patuás e, provavelmente, o remoto latim das

---

[107] O. Mannoni, *op.cit.*, p. 66.

O dom de falar as línguas – Sobre a glossolalia 181

missas, que talvez nem considerassem como uma língua propriamente dita e sim como uma fórmula mágica de comunicação com o divino, algo incompreensível e inacessível.

Lembro muito bem da surpresa imensa e o júbilo daquela gente frente aos franceses. Eles ficaram num misto de encantamento e zombaria, não conseguiam se afastar deles e não paravam de rir, imitando-lhes o modo de falar. Eles quase não podiam acreditar no que ouviam. Parecia-lhes inusitado, estranho, como que aquelas pessoas falavam daquele jeito!?!

Hoje entendo que estariam revivendo o encanto dos primeiros contatos com a língua materna ainda *estrangeira*, não identificados ainda com a mãe e / ou adultos – o que seria o caso do irmão do analisando, dos fiéis, de Mallarmé e dos poetas – mas revivendo diretamente a posição da criança que ouve a voz estranha.

Há algum tempo atrás, vimos nos jornais a notícia de que Fidel Castro, na cerimônia de posse de uma de suas "reeleições", bateu seu próprio recorde, falando ininterruptamente por 9 (nove) horas. Esse fato levanta algumas questões. Para quem falava Castro? Qual seria seu interlocutor imaginário? Acreditaria ele que sua platéia estaria interessada e atenta durante tanto tempo? Importaria o conteúdo de sua fala? Ou o que estava em jogo, o que interessava efetivamente, era o ato de falar enquanto símbolo e manifestação direta de poder, de dominação e sujeição do outro?

Escolheria esta última hipótese como a mais provável e, sendo assim, a truculência autoritária de Castro – impensável em qualquer situação democrática, onde nenhum líder ousaria impor-se a uma platéia por tanto tempo – seria uma ilustração da truculência estrutural do discurso do Outro (mãe, adultos) sobre a criança. Discurso que se impõe à criança e a submete, alienando-a de seu próprio desejo e, paradoxalmente, constituindo-a como sujeito desejante.

Sob este prisma, o discurso de Castro seria mais uma manifestação do *falar línguas*, este estar identificado com o adulto que impõe o discurso à criança *infans*.

182   **Visita às casas de Freud e outras viagens**

Para encerrar, cito duas poesias que bem ilustram o que vimos acima, como a palavra transcende sua condição de mero signo comunicativo para, enquanto significante e manifestação do simbólico, expressar nossa mais pura essência: ela remete sempre ao objeto perdido, daí a *melancolia da linguagem*, no dizer de Pontalis. É nesse sentido que a palavra é a morte da coisa.

É interessante notar que nestas poesias as palavras não são forçadas a assumir seu aspecto proteico e multiforme, de significante aberto a infinitas significações, nem buscam o enigmático e o misterioso em cujas ambigüidades se abrigam todas as possibilidades, características de Joyce e Mallarmé. Aqui elas recuperam sua feição mais convencional, se esforçam para significar algo específico e conseguem fazê-lo com grande propriedade.

Uma das poesias é de Octavio Paz. Chama-se *Conversar*[108]:

> *Leio num poema:*
> *conversar é divino.*
> *Porém deuses não falam:*
> *fazem, desfazem mundos,*
> *enquanto os homens falam.*
> *Os deuses, sem palavras,*
> *jogam jogos terríveis.*
>
> *O espírito desce*
> *e desata as línguas,*
> *porém não fala palavras:*
> *fala lume. A linguagem*
> *pelo deus inflamada*
> *é uma profecia*
> *de chamas, um desabar*
> *de sílabas queimadas:*
> *cinzas sem sentido.*

---

[108] "A travessia poética de Paz", de Augusto Massi (tradutor do poema), caderno "Mais!", *Folha de S. Paulo*, p. 5 – 3/5/98.

O dom de falar as línguas – Sobre a glossolalia   **183**

A palavra do homem
é filha da morte.
Falamos porque somos
mortais: palavras não
são signos, são séculos.
Ao dizer o que dizem
os nomes que dizemos
dizem tempo: nos dizem,
somos nomes do tempo.
Conversar é humano.

Os deuses não padecem, como nós humanos, das vicissitudes de tempo e espaço, instauradores da perda e da separação. Na medida em que eles são onipotentes e onipresentes, não estão longe de nada, não perdem nada, podem ser qualquer coisa.

Somos como deuses quando estamos em nossa relação simbiótica e indiscriminada com a mãe. Vivemos em regime de onipotência e onipresença. Não estamos separados da mãe, não a perdemos. Conseqüentemente, não precisamos falar com ela. *Somos* a mãe.

Nossa condição de adultos é o contrário daquela onipotência. Nossa vida é um rio que nos leva para longe sem cessar, nos afastando permanentemente de coisas, lugares, pessoas, de nossos entes queridos, de nós mesmos. Precisamos então das palavras para representar o ido e o perdido. As palavras são nossa única possibilidade de retê-los, de guardá-los.

A palavra é filha da morte sim, sendo a morte nossa maior provação, a consciência da morte é a maior prova de nossa humanidade. As palavras são indicadores de nossa submissão ao tempo, mas são, também e paradoxalmente, nossa única e potente forma de vencê-lo. Como dizia Shakespeare, é a única forma de afastar o tigre do tempo cuja garra ameaça a face da amada, que ficará para todo o sempre jovem no soneto imortal.

Não é difícil encontrar remanescentes desta situação quando agíamos como deuses, quando não precisávamos da palavra por

184   Visita às casas de Freud e outras viagens

estarmos fundidos com a mãe. Vemos isso no consultório e na vida cotidiana. Nosso narcisismo nos faz lamentar **ter que** falar, gostaríamos que nossos pensamentos e desejos fossem adivinhados e realizados, sem que tivéssemos de lutar para falá-los e realizá-los.

A outra poesia é de Dante Milano e chama-se *Vocabulário*[109]:

> *Áridas palavras,*
> *Refratárias, secas*
> *Arestas de fragas*
> *Secretando uma água*
> *Morosa, suada,*
> *Que não mata a sede.*
>
> *São pedras na boca.*
> *Rolam balbuciantes*
> *Buscando um sentido.*
> *Uma quer ser beijo.*
> *Outra quer ser lágrima.*
>
> *Não basta dizê-las.*
> *Elas querem ser*
> *Mais do que palavras.*
>
> *Como captarei*
> *A idéia sem fim*
> *(Não sei de onde vem)*
> *Que tenta exprimir-se...*
>
> *Áridas palavras*
> *Para as bocas ávidas,*

---

[109] D. Milano *Poesia e Prosa*. Rio de Janeiro, Civilização Brasileira, 1988, p. 32.

O dom de falar as línguas – Sobre a glossolalia 185

E quando elas brotam
Não são mais que as notas
De uma extinta música...

Vemos aí, com grande beleza e clareza, a percepção do poeta, que entende a *melancolia da linguagem* e a expressa diretamente. As palavras *querem ser mais do que palavras*, querem voltar a ser coisas. Rebelam-se por serem apenas referências, signos, símbolos, significantes de uma *extinta música*, aquela que embalava a ligação com o objeto – a mãe – agora definitivamente perdido.

No enterro de Escobar – A importância da culpa em *Dom Casmurro*, de Machado de Assis

Dom Casmurro é justificadamente um dos livros mais elogiados de Machado de Assis, fazendo parte, juntamente com *Memórias Póstumas de Brás Cubas* e *Quincas Borba*, de sua trilogia de ouro.

Por muito tempo, os estudiosos desse livro se centravam na personagem Capitu, mulher de Bento Santiago, o solitário narrador que relata suas dúvidas quanto a fidelidade de sua amada.

Capitu, a de "olhos de ressaca", aquela que tem "olhos de cigana oblíqua e dissimulada", foi submetida a inúmeros processos nos quais os críticos avaliavam sua culpa ou inocência.

Mais recentemente, o enfoque mudou. Afastou-se da suposta traição de Capitu e incidiu sobre os ciúmes de Bentinho, na medida em que se atentou para o fato de que o que é apresentado é o relato deste último, necessariamente enviesado e muito diferente do que seria o de um narrador onisciente, que nos contaria com imparcialidade a verdade dos acontecimentos[110]. Isso proporcionou uma reviravolta,

---

[110] Santiago, Silviano "Retórica da Verossimilhança", in *Uma literatura nos trópicos*, Rocco, Rio de Janeiro, 2000.

retirando Capitu do centro das atenções e ali colocando Bento Santiago, o próprio Dom Casmurro.

Mesmo assim, visar a suposta traição de Capitu ou os ciúmes de Bentinho, é praticar uma redução empobrecedora da saborosa e delicada trama construída por Machado de Assis; é ignorar a extraordinária acuidade psicológica e os inúmeros traços de humor advindos da forma irônica com a qual ele nos apresenta sua comédia de costumes do Brasil Imperial.

Seria realizar uma leitura rasteira que menospreza a complexidade da estratégia machadiana. Como diz Faoro:

> O escritor, para evidenciar seu jogo, coloca-se diante do leitor, em caminhos ora opostos, ora cruzados. O diálogo esconde o narrador armado de florete, não sem entremostrá-lo na manga do casaco. O confronto das duas entidades – escritor e leitor – tem caráter antitético, às vezes alternando-se como duas vozes num coro, desdobrando-se, no momento de clímax, na oposição competitiva, agonal, quando os atores acentuam sua individualidade, rompendo o consenso de vozes. (...) Nesse combate, onde o sério se esconde no jogo, a seriedade na burla, há um impasse. O autor engana o leitor, zombando de sua credulidade. Mas o leitor adverte que está sendo enganado e revida ao autor com a desconfiança. (...) O escritor mostra o enlevo dos amores de Bentinho e Capitu e insinua o adultério. O espectador afoito, com a prova concludente da semelhança do filho ao comborço, exulta. *Mas, será que ele viu tudo, ou, embaraçado pela antítese do ataque e defesa, não criou a sua verdade, que nem sempre é o confronto de duas proposições falsas?*[111]. (grifos do autor)

Entretanto, é compreensível a ênfase na traição de Capitu, pois ela é o ponto de inflexão da trama. Embora *Dom Casmurro* seja uma obra muito conhecida, para que fique clara a argumentação a ser desenvolvida, farei um breve resumo de seu enredo.

---

[111] Faoro, Raymundo *Machado de Assis: a pirâmide e o trapézio*. São Paulo: Editora Globo, 2001, p.438-9.

No enterro de Escobar   189

A obra tem 148 capítulos. Até o capítulo 50, vemos o velho e solitário Bento Santiago relembrando sua meninice na rua de Matacavalos e a amizade com sua vizinha Capitu; a evolução desse afeto para uma correspondida paixão; o desespero de ambos frente a disposição de Dona Glória, a piedosa viúva mãe de Bentinho, que planeja uma carreira eclesiástica para o filho como pagamento de uma antiga promessa; seu desolado ingresso no seminário.

Entre os capítulos 50 e 97, acompanhamos as escaramuças de Bentinho e Capitu contra os planos maternos, nas quais contam com a ajuda do impagável agregado José Dias, e vemos a entrada em cena de Escobar, um seminarista com quem Bentinho faz grande amizade e que passa a participar dos sobressaltos do casal apaixonado. É ele quem descobre uma saída para o impasse da promessa materna – sugere a Dona Glória mandar para o seminário um outro menino, um órfão qualquer que substitua Bentinho na obrigação da carreira sacerdotal.

O curioso capitulo 97 tem uma conotação metanarrativa. Nele, Bentinho faz considerações sobre a maneira como constrói seu relato. Se até aqui acompanhou de perto uma determinada época de sua vida, agora muda de ritmo, trata o tempo de outra maneira:

> Tinha então pouco mais de dezessete... Aqui devia ser o meio do livro, mas a inexperiência fez-me ir atrás da pena, e chego quase ao fim do papel, com o melhor da narração por dizer. Agora não há mais que levá-la a grandes pernadas, capítulo sobre capítulo, pouca emenda, pouca reflexão, tudo em resumo. Já essa página vale por uns meses, outras valerão por anos e assim chegaremos ao fim[112].

Efetivamente, a ação logo se precipita. Escapando do seminário, Bentinho vai para São Paulo onde se forma em advocacia. Ao voltar, casa-se com Capitu, com pleno assentimento da mãe. Escobar casa-se com Sancha, amiga íntima de Capitu. Se, em várias ocasiões,

---

[112] Machado de Assis *Dom Casmurro*. São Paulo: Abril Cultural, 1971, p. 297.

190 **Visita às casas de Freud e outras viagens**

Bentinho se mostrara ciumento e possessivo, nada parecia extraordinário ou despropositado, incompatível com os ardores de uma primeira e grande paixão. No correr da ação, Bentinho dera amplas informações sobre a inteligência e habilidade de Capitu, sua capacidade de lutar por seus interesses, sua força, sua determinação, características bem diferentes de suas próprias, tão timorato e inseguro.

O casal inicialmente não tem rebentos, ao contrário de Escobar e Sancha, que geraram uma filha, Capituzinha. Dois anos depois, nasce Ezequiel, assim batizado em homenagem a Escobar, retribuição à gentileza que o casal amigo fizera, dando à filha o nome de Capitu. Ezequiel é menino vivo e inteligente, capaz de imitar a todos, provocando o riso e a admiração dos circunstantes. Escobar sonha um futuro casamento de Capituzinha e Ezequiel, idéia que agrada aos dois casais.

Tudo parece ir muito bem até o capítulo 118, intitulado "A Mão de Sancha". Numa reunião na casa de Escobar, os quatro amigos planejam uma viagem para a Europa. Por um momento, estando sós, Bentinho surpreende um olhar intenso de Sancha, o que dá vez a um diálogo cheio de insinuações e uma troca ardorosa de apertos de mãos.

> Sancha ergueu a cabeça e olhou para mim com tanto prazer que eu, graças às relações dela com Capitu, não me daria beijá-la na testa. Entretanto, os olhos de Sancha não convidavam a expansões fraternais, pareciam quentes e intimativos, diziam outra coisa, e não tardou que se afastassem da janela, onde eu fiquei olhando para o mar, pensativo. A noite era clara.
> Dali mesmo busquei os olhos de Sancha, ao pé do piano; encontrei-os em caminho. Pararam os quatro e ficaram diante uns dos outros, uns esperando que os outros passassem, mas nenhuns passavam. Tal se dá na rua entre dois teimosos. A cautela desligou-nos; eu tornei a voltar-me para fora. E assim posto entrei a cavar na memória se alguma vez olhara para ela com a mesma expressão, e fiquei incerto. (...)

No enterro de Escobar

Quando saímos, tornei a falar com os olhos à dona da casa. A mão dela apertou muito a minha, e demorou-se mais que de costume[113].

Bentinho, fortemente atraído por Sancha, lembra que o agregado José Dias dizia – com sua mania de usar superlativos, "uma forma de dar monumentalidade às idéias" – que Sancha era uma senhora "deliciosíssima".

Tão chocado fica Bentinho com tais acontecimentos, que o curtíssimo capítulo seguinte, o 119, diz apenas o seguinte:

> A leitora, que é minha amiga e abriu esse livro com o fim de descansar da cavatina de ontem para a valsa de hoje, quer fechá-lo às pressas, ao ver que beiramos o abismo. Não faça isso, querida; eu mudo de rumo[114].

No rápido capitulo 120, vemos Bentinho esfriando os ardores despertados por Sancha com o estudo de autos legais e, no capítulo seguinte, o 121, somos surpreendidos com a inesperada morte de Escobar, tragado pela ressaca do mar do Flamengo. Em seu enterro, descrito no capítulo 123, ao ver Capitu chorando o amigo morto, o que seria uma atitude esperada e natural, Bentinho toma isso como prova da traição de ambos.

Até esse momento, em nenhuma ocasião tal suspeita lhe passara explicitamente pela cabeça. Incomodava-o as imitações de Eliezer, que o fazia parecer com Escobar, mas não dava muita importância ao fato, pois sabia da existência de estranhas e aleatórias semelhanças, haja vista – segundo o próprio viúvo – a extraordinária parecença de Capitu com a falecida mãe de Sancha.

Como mencionei acima, o livro tem 148 capítulos e já estamos no 121. Desta forma, em rápida e sumária sucessão, vamos ver Bentinho rejeitar cada vez mais o filho Ezequiel, por nele vislumbrar traços de

---

[113] Machado de Assis, *op. cit.* , p. 320/1.

[114] Machado de Assis, *op. cit.*, p.322.

192   Visita às casas de Freud e outras viagens

Escobar. Manda o filho estudar na Europa e se separa de Capitu. Para manter as aparências, faz a mulher acompanhar o filho no velho continente, onde ela morre ainda jovem. Anos depois Ezequiel vem visitar o pai, que lhe financia uma viagem de estudos arqueológicos na Palestina, onde, vitimado por febres, também vem a falecer. Sozinho, Dom Casmurro dá por encerrado seu relato e se prepara para escrever outra coisa para preencher o tempo vazio e a solidão de sua vida, a "História dos Subúrbios do Rio de Janeiro".

Como disse acima, muito já foi escrito sobre *Dom Casmurro*. Sob o prisma da psicanálise, temos um trabalho cuidadoso, de Luis Alberto Pinheiro de Freitas[115]. Em linhas gerais, a autor interpreta os ciúmes de Bentinho como projeção em Capitu de seu desejo homossexual frente a Escobar, desde que Bentinho, filho de viúva, não teria tido figuras fortes que possibilitassem a organização de uma identidade sexual masculina. Afinal, tivera como modelo as pouco viris imagens do agregado José Dias e do tio Cosme. Mostra-se ele passivo, submetido ao desejo de mulheres fálicas, como a mãe e Capitu. Bentinho nascera após o falecimento do primeiro filho do casal. Vinha assim colocar-se no lugar do filho morto da mãe, daí a promessa que o assombrou durante a adolescência – ter de seguir a carreira religiosa[116].

Embora tais elementos sejam relevantes e configurem uma hipótese plausível, penso haver outras possibilidades de compreensão dos ciúmes doentios de Bentinho, que destroem sua vida amorosa e familiar, relegando-o à solitária casmurrice.

É chamativo e sintomático que as eventuais suspeitas e ciúmes esparsos apresentados por Bentinho tomem corpo e se intensifiquem *exatamente* no enterro de Escobar, *especialmente se não esquecermos o ocorrido na noite anterior à morte do amigo.* Ali Bentinho se sentira fortemente atraído por Sancha e acreditara que ela se dispunha a retribuir seu desejo de uma aproximação sexual.

---

[115] Pinheiro de Freitas, Luis Alberto. Freud e Machado de Assis uma interseção entre psicanálise e literatura. Rio de Janeiro: Mauad Editora, 2001.

[116] Vide o texto sobre Van Gogh, p.11.

No enterro de Escobar

No dia seguinte, a visão do amigo morto lhe é intolerável, pois ela o remete diretamente à idéia de que desejara traí-lo. A própria morte de Escobar lhe pareceria uma conseqüência, um efeito da fantasiada traição. Conseqüentemente, é algo pelo qual seria o responsável. Profundamente culpado, Bentinho se sente incapaz de lidar com esse sentimento e imediatamente o projeta em Escobar e Capitu.

Não são Bentinho e Sancha os culpados, aqueles que traíram a amizade e os respectivos cônjuges em arroubos amorosos e, sim, Escobar e Capitu. São eles os traidores, os culpados.

O próprio título do capítulo 121, no qual descreve o enterro de Escobar, ocasião em que se deflagra sua suspeita ciumenta, intitula-se "Olhos de ressaca", que remete ao homônimo capítulo 31, quando assim descreve os olhos da amada:

> Retórica dos namorados, dá-me uma comparação exata e poética para dizer o que foram aqueles olhos de Capitu. Não me acode imagem capaz de dizer, sem quebra da dignidade do estilo, o que eles foram e me fizeram. Olhos de ressaca? Vá, de ressaca. É o que me dá daquela feição nova. Traziam não sei que fluido misterioso e enérgico, uma força que arrastava para dentro, como a vaga que se retira da praia, nos dias de ressaca. Para não ser arrastado, agarrei-me às outras partes vizinhas, às orelhas, aos braços, aos cabelos espalhados pelos ombros; mas tão depressa buscava as pupilas, a onda que saía delas vinha crescendo, cava e escura, ameaçando envolver-me, puxar-me e tragar-me[117].

Desta forma, sub-repticiamente Bentinho atribui a Capitu a responsabilidade da morte de Escobar, tragado pela *ressaca* do mar do Flamengo.

Para Bentinho é bem mais tolerável sentir ciúmes, ficar na pele do traído e enganado, do que ter de agüentar a culpa de ser o traidor, o "culpado" pela morte do amigo.

---

[117] Machado de Assis, *op. cit.*, p. 219.

194   *Visita às casas de Freud e outras viagens*

Nas colocar-se como vítima da traição, ficar na posição da parte ofendida que – com toda a razão – sofreria de ciúmes, não se mostra um artifício muito eficaz para livrá-lo da culpa. O fantasma de Escobar o vem assombrar diariamente na pessoa de Eliezer.

Dessa forma, tomado pela presença fantasmagórica de Escobar encarnada em Eliezer, que o persegue acusando e exigindo reparação, Bentinho tenta aplacá-lo, destruindo sua própria felicidade conjugal e recusando-se as alegrias da paternidade. Afasta-se da mulher e do filho, impondo-lhes um exílio involuntário, não antes de fazer uma tentativa falha de se suicidar ou de envenenar o filho.

Ao atribuir a Escobar a paternidade de Eliezer, ao reencontrar Escobar toda vez que vê o filho, Bentinho condensa vários sentimentos contraditórios. Por um lado, se pune com a presença de seu carrasco, que vem lembrar-lhe do crime cometido. Por outro, nega a morte de Escobar, dá-lhe a vida novamente, ressuscitando-o na figura de Eliezer, a quem – também por culpa – não pode reconhecer como filho.

Como mencionei acima, essa mudança foi anunciada por Bentinho no capítulo 119, quando, assustado com suas próprias fantasias sexuais em torno de Sancha, dirige-se diretamente à "leitora amiga", pedindo-lhe que não abandone o livro por terem beirado o "abismo". Diz: "Não faça isso querida; eu mudo o rumo".

De fato, há uma radical mudança de rumo e é justamente essa – ao invés de ser o traidor, Bentinho passa a ser o traído. Morto Escobar, Bentinho se instala "confortavelmente" na posição de ofendido e não de ofensor.

Se lembrarmos que Escobar, num determinado momento propôs sociedade comercial a Dona Glória e que - pelo menos na opinião de prima Justina – pensara em se casar com ela, tais elementos o fazem ocupar um lugar paterno frente a Bentinho. Sua morte, conseqüentemente, reatualizaria a morte do pai, ocorrida quando tinha sete anos. Tal acontecimento, que o colocara na posição privilegiada de objeto inconteste do amor materno, poderia ter sido vivenciado como a realização dos desejos parricidas inconscientes. A culpa daí advinda

No enterro de Escobar

ficaria intensificada com a morte de Escobar, esse outro "pai" que "eliminava", apossando-se de sua cobiçada mulher, Sancha, tal como antes de apossara da mãe.

Apesar de triunfar, mais uma vez, sobre o rival paterno, é abatido pela culpa, que o impede de usufruir a vitória.

A tragédia de Bentinho fica ainda mais funda, quando lembramos sua denodada luta para realizar sua vida amorosa com Capitu, fugindo da imposição materna que o condenava ao celibato religioso.

O desejo materno, justificado conscientemente pela promessa feita, poderia ser entendido como a intolerância da mãe em se separar desse filho, castrando-o e mantendo-o ao seu lado.

Inconscientemente, Bentinho sente-se culpado em relação ao pai, sobre quem triunfara edipicamente, e em relação à mãe, cujo acalentado desejo narcísico fusional ele frustrara. Por esse motivo, não se sente legitimamente autorizado a ocupar o lugar de marido e pai. Essa ilegitimidade aparece no embuste que fora realizado para que pudesse exercer sua masculinidade e futura paternidade: a negociata na qual um "órfão" qualquer fora colocado no seminário em seu lugar, como sugerira Escobar.

Poucos autores atentaram para a importância de Sancha no desenrolar da tragédia de *Dom Casmurro*. Faoro[118], cujo cuidadoso estudo lista os personagens mais importantes de Machado, sequer a menciona. O que não ocorre com Teixeira[119], que, num capítulo adequadamente chamado de "Dois pormenores: antecipações freudianas", fareja a relevância do encontro de Sancha e Bentinho nas vésperas da morte de Escobar, sem, entretanto, articulá-la conseqüentemente dentro da trama.

---

[118] *Op.cit.*

[119] Teixeira, Ivan. *Apresentação de Machado de Assis*. São Paulo: Livraria Martins Fontes Editora, 1987, p. 129.